INTRODUÇÃO À ARBITRAGEM

COLETÂNEA DE ARTIGOS

JOAQUIM DE PAIVA MUNIZ

ÍNDICE

PREFÁCIO

Desde a edição da Lei de Arbitragem em 1996, surgiu um novo campo de atuação para advogados, tanto como patronos das partes quanto como árbitros. Tive a sorte de desenvolver a minha carreira justamente nesse período, o que me permitiu acompanhar a evolução da arbitragem no Brasil desde o seu berço até o estágio atual de imenso sucesso, no qual o instituto se tornou o meio preferencial de solução de conflitos em contratos empresariais. Verifica-se, atualmente, a expansão da arbitragem para outras áreas, como disputas societárias de companhias abertas, litígios com a administração pública, direito desportivo e conflitos trabalhistas.

Minha produção acadêmica sempre esteve em linha com minha atuação em arbitragens. Além de atentar para os temas mais candentes do mundo arbitral, sempre tive preocupação em formar advogados nessa área. Afinal, a arbitragem representa um procedimento construído entre as partes. Por conseguinte, quanto mais os patronos entenderem do instituto, melhor será a qualidade dos procedimentos arbitrais.

Desde 2004 tenho organizado curso de arbitragem pela Comissão de Arbitragem da seccional do Estado do Rio de Janeiro da Ordem dos Advogados do Brasil (OAB/RJ). A partir da década de 2010, com a ajuda do meu colega Lucas Mendes, o curso passou a ter um foco prático, com caso e audiências simuladas, para que os alunos tenham uma melhor percepção de como o procedimento arbitral realmente se desenrola. Nesse modelo, levamos o curso a diversos estados e fizemos versões específicas para arbitragens trabalhistas e relativas a questões técnicas contábeis.

Em julho de 2020, enfrentamos o maior desafio, organizar um curso introdutório online de arbitragem para milhares de alunos.

Diante da necessidade de prover aos estudantes material didático gratuito, selecionei uma série de artigos que publiquei ao longo dos anos para fazer esse livro. Todos possuem características semelhantes: temas introdutórios, redação simples e direta e um olhar instigante para os temas abordados, de modo a não só esclarecer dúvidas, mas gerar debates.

O livro gratuito teve repercussão positiva, o que me incentivou a elaborar uma segunda edição, com mais artigos.

O primeiro artigo é uma "Introdução à Arbitragem", que adoto em diversos curso em que leciono. O segundo trata-se do "Guia Politicamente Incorreto da Arbitragem", coletânea condensando uma série de artigos que publiquei em Migalhas, com tom provocador sobre temas polêmicos de arbitragem. Já no terceiro artigo, "Minutando Cláusulas Arbitrais Eficientes", busquei fazer um guia para redação de cláusulas compromissórias, a pedido de diversos advogados consultivos que gostariam de orientação sobre o tema. Por sua vez, no quarto artigo abordo tema que me é caro, "A Adoção de Ferramentas de

Project Management em Arbitragem". O quinto artigo refere-se à matéria que gera mais interesse nos meus cursos, qual seja, uma "Visão Prática da Prova Testemunhal na Arbitragem", considerando as diferenças dessa prova no procedimento arbitral, comparado ao judicial. O sexto artigo aborda a prova documental em arbitragem, tanto a produzida pela própria parte, quando o pedido de exibição de documentos em posse da contraparte ou de terceiros. O sétimo e último artigo aborda a questão da arbitragem com administração pública.

Espero que estes artigos sejam úteis para prover uma visão geral de arbitragem.

Joaquim de Paiva Muniz

I. INTRODUÇÃO A ARBITRAGEM

1. DISPOSIÇÕES GERAIS DA LEI DE ARBITRAGEM

1.1. Conceito e características

Não há conceito legal de arbitragem. O Carlos Alberto Carmona, coautor do anteprojeto da Lei nº 9.307, assim define o instituto: *"mecanismo privado de solução de litígios, através do qual um terceiro, escolhido pelos litigantes, impõe sua decisão, que deverá ser cumprida pelas partes"*[1].

Verifica-se, assim, certas características da arbitragem, a saber:

a) seu caráter **heterocompositivo**, no qual um terceiro resolve a lide. Nesse aspecto, a arbitragem distingue-se claramente dos métodos

---

[1] CARMONA, Carlos Alberto. Arbitragem e Processo. São Paulo: Atlas, 2000. p. 31.

autocompositivos, tais como mediação e conciliação, nos quais as partes determinam o resultado de comum acordo, por meio de transação;

b) **natureza extrajudicial**, sendo o julgador um ente privado, desvinculado do Poder Judiciário.

Isso não significa que a arbitragem prescinda do juízo estatal. Pelo contrário, há forte inter-relação entre processo arbitral e Poder Judiciário antes, durante e depois da arbitragem. Antes, pois previamente à instituição da arbitragem, tutelas de cautelares ou de urgência podem ser requeridas no juízo estatal[2], em observância ao princípio constitucional do livre acesso ao Judiciário[3]. Durante, pois certas medidas só podem ser implementadas sob o crivo pelo Poder Judiciário, tais como atos de império como condução forçada de testemunha ou busca e apreensão. Nessa hipótese, o árbitro pode deferir a medida, mas enviará carta arbitral para o Poder Judiciário determinar seu cumprimento[4].

---

2 Art. 22-A da Lei de Arbitragem. "Antes de instituída a arbitragem, as partes poderão recorrer ao Poder Judiciário para a concessão de medida cautelar ou de urgência."
3 Art. 5º, XXXV, da Constituição Federal de 1998.
4 Art. 22-C da Lei de Arbitragem. "O árbitro ou o tribunal arbitral poderá expedir carta arbitral para que o órgão jurisdicional nacional pratique ou determine o cumprimento, na área de sua competência territorial, de ato solicitado pelo

Depois, porque cabe o Poder Judiciário julgar ações de anulação de sentença arbitral doméstica[5] e a homologar de sentença arbitral estrangeira[6], bem como dar cumprimento à sentença arbitral contra o devedor.

Não obstante essa interação com o Poder Judiciário, vale repetir que, na arbitragem, quem possui o poder de julgar o mérito da lide é o árbitro, julgador privado. Para esses fins, o árbitro é equiparado a um juiz de fato e de direito[7].

c) A **necessidade de previsão expressa**. A jurisprudência internacional consagrou a frase que "arbitragem é uma criatura do contrato"[8], que cai como uma luva para a realidade brasileira, sujeita ao princípio constitucional do livre acesso ao Poder Judiciário. Sem a concordância prévia ou concomitante das partes, não se pode ser compelido a

---

árbitro.'
5 Art. 33 da Lei de Arbitragem. "A parte interessada poderá pleitear ao órgão do Poder Judiciário competente a declaração de nulidade da sentença arbitral, nos casos previstos nesta Lei."
6 Art. 35 da Lei de Arbitragem. Para ser reconhecida ou executada no Brasil, a sentença arbitral estrangeira está sujeita, unicamente, à homologação do Superior Tribunal de Justiça
7 Art. 18 da Lei de Arbitragem "árbitro é juiz de fato e de direito, e a sentença que proferir não fica sujeita a recurso ou a homologação pelo Poder Judiciário"
8 Confira-se, e.g., Hall Street Assocs., LLC v. Mattel, Inc., 552 U.S. 576, 585 (2008).

participar de procedimento arbitral, nem a sentença será vinculante.

1.2. Arbitrabilidade

Algumas das questões mais polêmicas relativas à arbitragem referem-se à arbitrabilidade, vale dizer, quais os limites aplicáveis à submissão de determinada lide à arbitragem.

A questão da arbitrabilidade deve ser vista de dois ângulos, um denominado subjetivo (*ratione personae*) relativa a *quem* pode participar da arbitragem, e outro objetivo (*ratione materiae*), concernente ao *quê* – em outras palavras, que matéria – pode ser objeto de arbitragem.

Com relação aos limites subjetivos, consoante a Lei de Arbitragem, pode contratar arbitragem qualquer pessoa física ou jurídica capaz, segundo a legislação civil. Trata-se de corolário da natureza contratual da convenção de arbitragem, que está sujeita às mesmas regras de capacidade do que outros tipos contratuais.

Quanto aos limites objetivos, isto é, quais matérias podem ser dirimidas pela via arbitral, encontram-se no art. 1º da Lei de Arbitragem: "litígios relativos a direitos patrimoniais disponíveis".

Direitos patrimoniais são aqueles pertencentes ao patrimônio de cada pessoa, consistindo no conjunto de seus direitos de valor econômico[9]. Seriam não pecuniários os direitos não diretamente ligados à utilidade econômica, como os direitos a vida, liberdade, integridade física, honra e intimidade[10]. O art. 852 do Código Civil menciona como direitos não patrimoniais as questões de estado e de direito pessoal de família.

Tampouco podem ser arbitrados direitos não disponíveis, isto é, direitos que não podem ser objeto de alienação, renúncia ou transação[11].

---

9 D'ANDRÉA, Sérgio, apud, BATISTA MARTINS, Pedro A. Apontamentos sobre a Lei de Arbitragem. Op. cit. p. 23-24.
10 MATTOS NETO, Antonio José de. Direitos Patrimoniais Disponíveis e Indisponíveis à Luz da Lei de Arbitragem. Revista de Processo – RP. São Paulo: Revista dos Tribunais. n. 106, p. 223.
11 CARMONA, Carlos Alberto. Arbitragem e Processo. Op. Cit., p; 39.

Convém distinguir duas acepções distintas de indisponibilidade: (i) impossibilidade de renunciar a um direito e (ii) proibição de se litigar sobre direito alheio, sem a intervenção do Poder Judiciário12. A primeira hipótese é muito comum: uma parte celebra contrato com dispositivo que afronta norma de ordem pública; em outras palavras, a parte não poderia dispor do direito.

Mas, a meu ver, quando a Lei de Arbitragem refere-se à disponibilidade, ela mira a segunda hipótese, na qual a disputa não pode ser deslindada pela via arbitral. Em outra palavras, a indisponibilidade seria vedação para a medida solicitada ser proferida pelo juízo que não o estatal. Vale dizer, tratar-se-ia da disponibilidade da jurisdição estatal.

Se assumirmos que a disponibilidade refere-se ao direito em si, haveria o risco de resultado irrazoável de ter de se julgar o mérito da questão – isto é, se determinada norma cogente seria aplicável

---

12 Confira-se, nesse sentido, TALAMINI, Eduardo. Sociedade de Economia Mista. Distribuição de Gás. Disponibilidade de Direitos. Especificidades Técnicas do Objeto Litigioso. Boa-Fé e Moralidade Administrativa. *In* **Revista Brasileira de Arbitragem**, n. 5, p. 135-154, abril/junho. 2005.

ou não – para poder aferir a arbitrabilidade da matéria.

1.3. Arbitragem e insolvência

A Lei de Falências13 prevê que o processamento da recuperação judicial ou a decretação da falência não autoriza o administrador judicial a recusar a eficácia da convenção de arbitragem, nem impede ou suspende a instauração de procedimento arbitral. Com relação a arbitragens internacionais, os credores conservam o direito de ajuizar quaisquer processos judiciais e arbitrais, e de neles prosseguir, que visem à condenação do devedor ou ao reconhecimento ou liquidação de seus créditos, e, em qualquer caso, as medidas executórias deverão permanecer suspensas14.

Nessa linha, há jurisprudência no sentido de que nem a liquidação extrajudicial do devedor por insolvência (no caso Interclínicas do STJ), nem a declaração de sua falência, seriam óbice para que o

---

[13] Arts. 6 º, § 9º da Lei 11.101/2005, conforme alterado pela Lei 14.112/2020.
[14] Arts. 167-A, § 3º da Lei 11.101/2005, conforme alterado pela Lei 14.112/2020.

credor proponha arbitragem para cobrar o seu crédito ilíquido, com base em convenção arbitral celebrada anteriormente à liquidação, à falência ou à recuperação15.

A liquidação, a falência e a recuperação judicial não afetam a convenção arbitral, mas afetam, por óbvio, o crédito que visa ser cobrado pela arbitragem. Uma vez proferida sentença condenatória, não só o valor a ser pago como a forma e tempo do pagamento deverão seguir os termos e condições da liquidação, da falência e da recuperação judicial.

Há interessante precedente do STJ no sentido de que eventual ato de constrição determinado no âmbito de arbitragem contra empresa em recuperação judicial deverá passar pela análise do juízo recuperacional16, em vista de sua jurisdição sobre o concurso de credores.

---

15 Ver, nesse sentido, sobre liquidação judicial, STJ, Medida Cautelar 14.295/SP (2008/0122928-4), Relª. Minª. Nancy Andrighi, DJe 13.06.2008 e sobre falência, STJ, Resp 1.959.435-RJ, 3ª Turma. Relª Min Nancy Andrighi. J. 30.08.2022, STJ, REsp 1.355.831 – SP, 3ª Turma, Relª. Minª. Nancy Andrighi, j. em 19.03.2013, TJSP, Câmara Especial de Falências e Recuperações Judiciais, Ag. 531.020-4/3-00, Rel. Des. Pereira Calças, j. em 25.06.2008.

16 STJ, Ag.Int. CC 153.498/RJ., 2ª seção, Min. Moura Ribeiro, j. 23.05.2018.

1.4. Lei aplicável

O art. 2º da Lei de Arbitragem autoriza as partes a escolherem, livremente, as regras aplicáveis à solução do mérito do litígio[17]. Essa autorização engloba não só a possibilidade de eleger a lei de países estrangeiros, como também de escolher fontes que não sejam propriamente ordenamentos jurídicos, tais como princípios gerais de direito, usos e costumes, regras internacionais do comércio e até mesmo julgamento por equidade. Essa escolha não poderá, contudo, resultar em infração aos bons costumes ou à ordem pública.

A Lei de Introdução às Normas do Direito Brasileiro (LINDB), norma geral sobre conflito de leis no espaço, prevê que as obrigações sejam qualificadas e regidas pela legislação do país em que forem constituídas18 – o que a jurisprudência tem entendido como o lugar onde os contratos forem firmados, sem possibilidade de escolha de lei aplicável. Na hipótese

---

17 Não se está analisando aqui a questão de contratos que não sejam internacionais, a qual será abordada no item 3.2, abaixo.

18 Lei de Introdução às Normas do Direito Brasileiro.

de contratos celebrados entre ausentes, ou seja, com as partes em lugares distintos, consideram-se constituídas as obrigações no local onde residir o proponente[19].

A Lei de Arbitragem alterou esse paradigma, gerando dois regimes distintos para escolha de leis aplicáveis a contratos internacionais. Por um lado, nos litígios a serem resolvidos por arbitragem, incide o art. 2º e as partes podem escolher a lei aplicável, desde que não haja violação à ordem pública. Por outro lado, para contratos com foro judicial, continua a viger a Lei de Introdução às Normas do Direito Brasileiro.

O limitador da possibilidade de escolha de regra material está no conceito de ordem pública. Segundo o Professor Jacob Dolinger, ele "refletiria a filosofia sociopolítico-jurídica da legislação, aferindo-se pela mentalidade e pela sensibilidade média de determinada sociedade em determinada época", com a característica de ser "relativa, instável e contemporânea"20.

---

19 *Idem*.
20 DOLINGER, Jacob. **A evolução da Ordem Pública no Direito**

A doutrina internacional e brasileira de Direito Internacional Privado distingue diversos níveis de ordem pública21. Há nível interno, que visa a garantir a aplicação de normas cogentes e impedir que elas sejam derrogadas pela vontade das partes. São as chamadas "normas de ordem pública", sinônimos de "normas imperativas" ou "normas cogentes". Existe, ademais, a ordem pública no nível internacional, que impediria a aplicação de normas de direito estrangeiro indicadas pelas regras de conexão de Direito Internacional Privado, se ofensivas aos valores essenciais de nosso ordenamento jurídico[22]. São estas que a Lei de Arbitragem impõe como restrição à liberdade de escolha de norma material, e não qualquer norma cogente.

A aplicação da ordem pública como limite da autonomia da vontade é excepcional e só deve ocorrer em casos extremos, em que houver afronta a norma,

---

Internacional Privado. Rio de Janeiro: Renovar, 1979. p 349-353.

21 Confira-se, a esse respeito, DOLINGER, Jacob; TIBURCIO, Carmen. **Direito Internacional Privado – Parte Especial**. Rio de Janeiro: Renovar, p. 402-408.

22 Alguns autores reconhecem um terceiro nível de ordem pública, denominado "ordem pública verdadeiramente internacional" ou "universal", referente a grandes princípios universais, que servem aos mais altos interesses da comunidade internacional e estão latentes em diversos tratados e normas de organizações internacionais

princípio ou valor essencial do nosso ordenamento jurídico, o que deve ser aferido em cada hipótese particular.

2. ÁRBITROS

2.1. Aspectos gerais

A princípio, o único requisito para se exercer a função de árbitro consiste na capacidade civil, perquirida, em arbitragens com sede no Brasil, de acordo com as normas de direito civil[23].

Podem se aplicar, ainda, outras vedações legais para que uma determinada pessoa atue como árbitro. Cite-se, como exemplo, que magistrado em atividade não pode ser árbitro, pois não pode exercer outro cargo ou função, exceto magistério[24].

Não se requer que o árbitro seja advogado,

---

23 Confira-se a respeito da capacidade de pessoas físicas, os arts. 3º e 4º do Código Civil.

24 Art. 95, parágrafo único, I, da Constituição Federal.

nem que possua tenha nacionalidade ou cidadania brasileira.

O número de árbitros deve ser ímpar. Normalmente, nomeia-se um ou três. Nada impede, contudo, que se preveja painel de árbitros com número superior, como cinco árbitros. O problema prático de painel arbitral com mais de três membros consiste na dificuldade de deliberação com número elevado e o aumento dos honorários devidos aos julgadores, o que, em regra, faz com que o custo-benefício não compense.

Se os árbitros estiverem em número par, eles deverão nomear um árbitro adicional para completar o painel. Se isso não ocorrer, qualquer parte poderá recorrer ao mecanismo estabelecido nas regras de arbitragem aplicáveis para nomeação desse último árbitro ou, se estas forem silentes a esse respeito, ao Poder Judiciário, visando assegurar que o painel de árbitros seja composto por número ímpar de integrantes.

Salvo acordo entre as partes em sentido

diverso no curso da arbitragem, o processo de escolha dos árbitros deverá seguir o previsto na convenção de arbitragem, a qual poderá fazer referência à sistemática das regras arbitrais aplicáveis. Pode-se estabelecer que as partes nomeiem diretamente os árbitros ou que entidade administradora ou outra instituição escolhida para esse fim o faça.

Em arbitragens com árbitro único, mostra-se usual que esse árbitro seja escolhido de comum acordo ou por nomeação direta da entidade administradora ou de órgão nomeador (*appointing authority*).

Na hipótese de três árbitros, é frequente que cada parte nomeie um deles (usualmente designados de "coárbitros") e estes ou entidade administradora indique o terceiro.

Em arbitragens com pluralidade de árbitros, um deles deverá desempenhar o papel de presidente. O presidente desempenha diversas funções diferenciadas, sendo a principal o voto de qualidade,

---

25Art. 24, § 1º, da Lei de Arbitragem.

em caso de empate[25]. Podem as regras arbitrais e a convenção de arbitragem conferir outros poderes ao presidente, tais como o de firmar decisões interlocutórias sem a assinatura dos demais árbitros.

Os árbitros eventualmente indicados pelas partes são conhecidos como coárbitros. Eles continuam com os mesmos deveres de independência e imparcialidade que os demais árbitros. A princípio, o coárbitro não deve qualquer obrigação específica com relação à parte que o indicou.

O árbitro ou presidente do painel de árbitros poderá designar secretário, para auxiliar nas questões administrativas. O secretário não tem função judicante, mas meramente administrativa, salvo nos casos em que algum dos árbitros acumular a função secretarial. Não pode servir, de forma alguma, como "quarto árbitro". Esse tema tem sido muito discutido em arbitragens internacionais depois do caso Yokos, em que a Rússia pediu anulação judicial nas cortes judiciais de Haia de sentença arbitral desfavorável, porque o secretário teria trabalhado muito mais do que os árbitros. Cabe ao árbitro ou ao presidente do painel de árbitros, e não às partes, a decisão sobre a conveniência ou não da nomeação de secretário. O secretário poderá fazer jus a honorários, conforme as regras aplicáveis ou, em seu silêncio, conforme for decidido pelos árbitros.

Os árbitros deverão ser remunerados de acordo com o previsto na convenção de arbitragem e/ou nas regras arbitrais. Em arbitragens institucionais, mostra-se mais adequado, a nosso ver, que a convenção não regule o assunto e se refira às regras da instituição sobre fixação de honorários dos árbitros, para evitar conflitos. Quase todas as instituições possuem sua própria tabela de custas e honorários. Algumas instituições administradoras, tal como a CCI (no âmbito internacional) e o CAM-CCBC, CBMA e AMCHAM (no âmbito interno), fixam os honorários dos árbitros em função do valor em disputa. Os advogados devem checar esses valores, antes de concordar com a escolha de uma entidade.

2.2. Deveres dos árbitros

No desempenho de sua função, o árbitro deverá proceder com imparcialidade, independência, competência, diligência e discrição. Além disso, o árbitro deve cumprir com seu dever de revelação.

2.2.1. Independência e imparcialidade

Os deveres dos árbitros que normalmente geram mais discussões são os de imparcialidade e independência. Ambas gravitam em torno da necessidade de inexistir relação entre o árbitro e a parte e/ou seus patronos que possa influenciar a decisão do litígio.

Estabelece a Lei de Arbitragem que não podem funcionar como árbitros as pessoas que tenham, com as partes ou com o litígio que lhes for submetido, algumas das relações que caracterizam os casos de impedimento ou suspeição de juízes[26]. Porém, a exigência da Lei de Arbitragem vai além da ausência de impedimento e suspeição, tanto que

---

26 Art. 14, *caput*, da Lei de Arbitragem.

também se refere à independência e imparcialidade, tipos mais amplos. Isso porque o árbitro, como membro da iniciativa privada, tende a possuir maior gama de relacionamentos profissionais e pessoais próximos a terceiros do que o juiz. A referência à independência e a impedimento e suspeição representa apenas um ponto de partida, mas não a linha de chegada na aferição da independência e da imparcialidade do árbitro.

Não há um conceito legal de independência. Pedro Baptista Martins define independência como *"a qualidade do que se mostra e age sem vinculações. Independente é o árbitro que não está ligado por algum vínculo próximo profissional ou pessoal com uma das partes ou seus patronos, ou tampouco possui interesses no objeto do conflito. Trata-se de critério objetivo de apuração que deve ser avaliado com lógica, ponderação e bom senso"*[27.]

Segundo a definição clássica de Stephen Board[28], a independência consiste em elemento

---

27 MARTINS, Pedro A. Apontamentos sobre a Lei de Arbitragem. Op. Cit. p. 188.
28*Apud* DOLINGER, Jacob; TIBURCIO, Carmen. Direito Internacional Privado

objetivo, relativo à ausência de vínculo próximo, substancial, recente e comprovado entre o árbitro e a parte e/ou seus patronos. A dificuldade reside em perquirir, no caso concreto, o que efetivamente caracteriza vínculo "próximo", "recente" e "substancial", todos esses conceitos subjetivos, o que mitiga o suposto caráter objeto da independência.

A imparcialidade, por sua vez, traduz estado psicológico do árbitro, preconcebido a favor ou contra uma das partes, podendo influenciar sua decisão. Carlos Alberto Carmona conceitua imparcialidade como a "equidistância que o julgador deve guardar em relação às partes"[29]. Em brilhante síntese, Jacob Dolinger e Carmen Tibúrcio explicam que imparcialidade "significa que o espírito do árbitro não está pré-concebido"[30].

Verifica-se, assim, que a independência concerne elementos objetivos, ao passo que a imparcialidade envolve características subjetivas.

– Parte Especial. Rio de Janeiro: Renovar, 2003. p. 243.

29 CARMONA, Carlos Alberto. Arbitragem e Processo. Op. Cit, p. 239.

30 DOLINGER, Jacob; TIBURCIO, Carmen. Direito Internacional Privado – Parte Especial. Op. Cit., p. 234.

Ambos representam tipos abertos e se deve perquirir, caso a caso, se há o risco de influência no julgamento, que possa prejudicar uma das partes.

Na tentativa de gerar melhores parâmetros a esse respeito, no âmbito da arbitragem internacional, o *International Bar Association* publicou um guia denominado "*IBA Guidelines on Conflicts of Interest in International Arbitration*", o qual enumera diversas hipóteses relativas à independência e imparcialidade dos árbitros, as dividindo em três listas.

Os "*IBA Guidelines on Conflicts of Interest in International Arbitration*" representam uma referência muito utilizada e bastante útil como uma das possíveis bússolas para a questão da independência e imparcialidade. Porém, suas recomendações não vinculam nem os árbitros, nem as instituições arbitrais, tampouco o Poder Judiciário.

A lista vermelha contém hipóteses de manifesto conflito de interesse, que devem ser reveladas pelo árbitro às partes e podem ensejar a sua substituição. Essa lista subdivide-se entre as hipóteses em que as partes podem concordar em manter árbitro não obstante o conflito e aquelas onde o conflito mostra-se tamanho que o árbitro deve ser substituído mesmo se as partes não quiserem.

A lista laranja indica circunstâncias em que pode haver conflito e, portanto o árbitro deve revelar às partes, mas que não necessariamente acarretarão na sua substituição, dependendo das características específicas do caso.

A lista verde, por fim, menciona fatos que não haveria conflito e o árbitro, a princípio, não precisaria nem os revelar às partes.

Ressalte-se que a parcialidade e a ausência de independência deve ser investigadas não só quando da nomeação, mas também no curso do processo.

Note-se, por fim, que a Lei de Arbitragem demanda do árbitro independência e imparcialidade, mas não neutralidade absoluta. O árbitro, como qualquer operador de direito, pode ter suas convicções pessoais sobre matérias de direito - desde que continue sendo independente e imparcial. Por isso mesmo, em arbitragens com três árbitros, usualmente cada parte nomeia um deles, para que haja um balanço entre visões distintas.

2.2.2. Dever de revelação

Não basta ao árbitro ser imparcial e independente. Deve ele revelar, antes de aceitar a função, qualquer fato que denote dúvida justificada quanto à sua imparcialidade e independência. Mais uma vez a Lei de Arbitragem adota conceito aberto – "dúvida justificada" –, cujo sentido deverá ser perquirido caso a caso, à luz da razoabilidade.

O dever de revelar mostra-se autônomo com relação ao dever de imparcialidade e de independência. Isto é, o árbitro deve revelar o fato às partes, se ele puder gerar dúvida justificada, mesmo se, ao fim e ao cabo, prevalecer o entendimento no sentido de que tal fato não macula a imparcialidade e independência do árbitro.

A infração ao dever de informar, dependendo da gravidade, pode ocasionar a desqualificação do árbitro31. Não existem parâmetros legais de em que hipóteses uma violação do dever de informar deve ensejar a procedência de impugnação de árbitro, o que deve ser avaliado caso a caso, em vista de quanto essa falha constitui quebra de confiança e/ou denota ausência de imparcialidade ou independência.

Nesse sentido, a II Jornada de Prevenção e Solução Extrajudicial de Litígios do CJF constatou que "a omissão do árbitro em revelar às partes fato que possa denotar dúvida quanto à sua imparcialidade e independência não significa, por si só, que esse árbitro seja parcial ou lhe falte independência, devendo o juiz avaliar a relevância do fato não revelado para decidir ação anulatória". Esse posicionamento está em linha com parte significativa da doutrina que exige a conexão entre o fato não revelado e a ausência de independência ou imparcialidade32. Contudo, a doutrina também

---

31 Confira-se, nesse sentido, LEMES, Selma F. Dos árbitros *In*: BATISTA MARTINS, Pedro A., LEMES, Selma F.; CARMONA, Carlos Alberto. **Aspectos Fundamentais da lei de arbitragem**. Rio de Janeiro: Forense, 1999. p. 282.
32 Confira-se, nesse sentido, ELIAS, Carlos Eduardo Stefen. Imparcialidade dos

ressalta que, dependendo do que não for revelado, a ausência de revelação pode gerar aparência de parcialidade33.

2.2.3. Competência

A Lei de Arbitragem prescreve que o árbitro deve ser competente. O termo deve ser analisado objetivamente, e não subjetivamente. Isso significa, em outras palavras, que o árbitro deve ter a qualificação pessoal necessária para julgar o caso. Não é competente, por exemplo, o árbitro que aceita atuar em arbitragem conduzida em idioma que não domina. Há de se atentar, contudo, que a Lei de Arbitragem não exige que o árbitro seja advogado.

2.2.4. Disponibilidade

Árbitros. São Paulo: Almedina, 2021, p. 203, LAMAS, Natalia. Dever de Revelação Revista Brasileira de Arbitragem. v. 68, out-dez/2022, p. 147 e BARROS, Vera Cecília Monteiro, O Descumprimento do Dever de Revelação do Árbitro. "Comitê Brasileiro de Arbitragem e a Arbitragem no Brasil.", org. NANNI, Giovanni Ettore, RICCIO, Karina e DINIZ, Lucas de Medeiros, São Paulo: Almedina, 2022, op. cit. p. 355-374.

33 "Para que se tenha claro: a violação do dever de revelação por si só não deve ser causa para anulação da sentença, mas há casos em que essa falha cria uma aparência de parcialidade que pode, sim, destruir a higidez da decisão arbitra." MARQUES, Ricardo Dalmaso. **O dever de revelação do árbitro**. São Paulo: Almedina, 2018. p. 316.

O árbitro deve atuar na arbitragem com diligência. Isso engloba não só a obrigação de agir com dedicação e presteza no curso do processo, como também de não aceitar o encargo, quando indicado, se não tiver disponibilidade de tempo. Nessa linha, algumas entidades arbitrais têm solicitado dos indicados à vaga de árbitro, como condição de nomeação, esclarecimentos detalhados a respeito da sua disponibilidade de tempo para desempenhar a função.

2.2.5. Discrição

Muitos pensam que a arbitragem deva ser sempre confidencial, em contraposição ao processo judicial, público como regra geral. No entanto, a Lei de Arbitragem não contém nenhum dispositivo expresso determinando que o processo arbitral deva correr necessariamente sob confidencialidade. São os regulamentos de arbitragem e as convenções arbitrais que normalmente preveem o caráter confidencial do processo. Essa confidencialidade teria então natureza contratual, vinculando o árbitro.

O que a Lei de Arbitragem estabelece é que o árbitro tem dever de discrição, ou seja, não pode revelar em público informações sobre arbitragens nas quais atua ou atuou.

2.3. Impugnação de árbitro

Três hipóteses distintas que podem ensejar a substituição do árbitro: (i) o árbitro não aceita o convite para atuar na arbitragem (*escusa*); (ii) o árbitro aceita o convite, uma das partes argui sua *recusa* na forma do art. 15 da Lei de Arbitragem e essa recusa é acolhida; e (iii) no curso da arbitragem, se ocorre o *falecimento* do árbitro ou ele se torna impossibilitado para o exercício da função. Cuidaremos aqui da impugnação de árbitro, visando a sua *recusa*.

A Lei de Arbitragem prevê que a parte poderá propor exceção contra árbitro que julgar carecedor de jurisdição, competência ou dos atributos necessários à função. A parte poderá apresentar exceção contra o árbitro que não indicou, ou contra o árbitro que indicou, desde que o motivo da recusa lhe seja conhecido posteriormente à indicação[34.] Isso porque, se havia fato que pudesse denotar a falta de qualificação do árbitro (e.g, relacionamento com outra parte), a parte tinha conhecimento e mesmo assim indicou essa pessoa, há presunção absoluta de que a parte renunciou ao seu direito de apresentar exceção contra o árbitro. O objetivo dessa norma consiste em evitar chicanas na nomeação do árbitro que possam atrasar a arbitragem.

O árbitro pode ser impugnado e, ao fim, recusado, por diversos motivos, tais como por não cumprir com os deveres que a lei lhes atribui, como imparcialidade, independência, competência, diligência e revelação; por estar impedidos ou ser suspeitos; e por não deter alguma qualidade especial prevista na convenção arbitral ou nas regras aplicáveis.

O pedido de recusa do árbitro deve ser processado e julgado no foro arbitral, e não perante o Poder Judiciário. De acordo com a Lei de Arbitragem[35,]

---

34   Art. 14, § 2º, da Lei de Arbitragem.
35   Art. 15, *caput*, da Lei de Arbitragem.

a parte interessada em arguir a recusa do árbitro apresentará, na primeira oportunidade que tiver de se manifestar, após a instituição da arbitragem, a respectiva exceção, diretamente ao árbitro ou ao presidente do tribunal arbitral, deduzindo suas razões e apresentando as provas pertinentes. Essa norma procedimental tem natureza dispositiva e tanto a convenção de arbitragem quanto as regras de órgão arbitral institucional ou entidade especializada podem regular o procedimento para impugnação de árbitro. A bem da verdade, as regras institucionais usualmente preveem um órgão próprio, distinto do painel de árbitros, para julgar a exceção, em vista do potencial conflito de interesses gerado pelo procedimento estabelecido na lei.

2.4. Natureza da função de árbitro

Afirma o art. 18 da Lei de Arbitragem que "o árbitro é juiz de fato e de direito"[36]. Esse dispositivo consagra a natureza jurisdicional da função de árbitro e esclarece que o árbitro exerce função equiparada ao

---

36 Art. 18 da Lei de Arbitragem.

do juiz, no exercício dessa atividade.

O art. 18 representa talvez a norma da Lei de Arbitragem cuja interpretação seja mais comumente deturpada, pois instituições inidôneas e pessoas de má-fé a constroem, equivocadamente, como se o árbitro tivesse prerrogativas idênticas ao do juiz, tais como uso de símbolos privativos de órgãos estatais e de "carteiras". Esclareça-se, contudo, que os árbitros não possuem as características extrínsecas da magistratura, tais como as prerrogativas constitucionais. Não *são* juízes, mas *estão* juízes, para o fim específico de julgar a causa em que atuam como árbitros. Nada mais do que isso. Mostra-se descabida, assim, a interpretação elíptica da norma, no sentido de que o árbitro seria "juiz de direito", quando na verdade não é. Carece de legalidade, portanto, qualquer atitude de árbitro que induza a terceiros ao erro de considerá-lo como juiz de direito, o que pode até configurar crime.

A Lei de Arbitragem equipara os árbitros aos funcionários públicos, para fins penais[37]. Os árbitros

---

37   Art. 17 da Lei de Arbitragem.

são, assim, passíveis de responsabilização por crimes cujo sujeito ativo só pode ser funcionário público, tais como aqueles previstos no Capítulo XI, Título I, do Código Penal ("Dos Crimes Praticados por Funcionário Público contra a Administração em Geral").

Uma questão relevante é se, no curso da arbitragem, os árbitros tomarem conhecimento de indício de crime, eles estariam obrigados a reportar ao Ministério Público. Por um lado, os árbitros são equiparados aos funcionários públicos, para fins penais[38], e são considerados juízes de fato e de direito[39]. Pode-se arguir que se aplicaria o art. 40 do Código de Processo Penal, o qual obriga os membros do Poder Judiciário a, diante de ilícito, remeterem cópia dos documentos pertinentes ao Ministério Público. Por outro lado, a arbitragem muitas vezes é confidencial, e na pior das hipóteses é privada, ou seja, as informações não são públicas e não devem ser divulgadas a terceiros. E, pelo Código de Ética da Advocacia, o advogado está sujeito ao sigilo profissional mesmo quando atuando como árbitro40.

---

38 Art. 17 da Lei de Arbitragem.
39 Art. 18 da Lei de Arbitragem.

Assim uma comunicação indevida ao Ministério Público violaria tal confidencialidade e/ou sigilo profissional, além de poder configurar denunciação caluniosa.

Desta forma, os árbitros devem respeitar o máximo possível o caráter privado da arbitragem e devem ser muito mais cautelosos do que os juízes ao praticarem qualquer ato que possa ser visto como imputando ilícitos criminais às partes.

---

40 Art. 36, parágrafo segundo: "o advogado, quando no exercício das funções de mediador, conciliados e árbitros, se submete às regras de sigilo profissional." Há autores como Daniel Jacob Nogueira que defendem que essa regra impede o árbitro de denunciar ilícitos mesmo se tiver certeza, salvo se envolver a administração pública.

3. PROCEDIMENTO ARBITRAL

3.1. Regras procedimentais

O procedimento arbitral não está sujeito às normas do Código de Processo Civil. Ele se mostra bem mais flexível do que o judicial e, a princípio, as partes têm liberdade para fixar na convenção de arbitragem o procedimento a ser seguido, desde que respeitados os princípios do contraditório, da igualdade das partes, da imparcialidade do árbitro e de seu livre convencimento.

Trata-se de mudança do paradigma da cultura jurídica brasileira, pois os operadores de direito devem, ao atuar em arbitragem, desapegar-se das normas procedimentais estatais e se acostumar a regras mais flexíveis e fluídas. Isso traz vantagens (tais como a possibilidade de o árbitro fixar regras procedimentais mais eficientes) e desvantagens (tais como menor segurança jurídica e a possibilidade de um árbitro menos firme permitir que o processo seja conduzido de forma desordenada).

As partes poderão fixar as regras da

arbitragem na convenção arbitral. O mais comum, contudo, é que a convenção se reporte a alguma regra procedimental de arbitragem, seja aquelas de entidades administradoras (*e.g*, Regulamento de Arbitragem do CBMA ou da AMCHAM), seja aquelas editadas por algum organismo internacional de renome (*e.g*, Regras da UNCITRAL para Arbitragens *ad hoc*). As partes podem, ainda, delegar aos próprios árbitros poderes para a definição das regras procedimentais aplicáveis.

Caso tanto a convenção de arbitragem quanto as regras escolhidas pelas partes forem silentes com relação a determinado ponto procedimental, os árbitros têm poderes para discipliná-lo. Não se aplica, necessariamente, o Código de Processo Civil, salvo se as partes assim previrem expressamente.

Em suma, aplica-se nas arbitragens: 1o convenção arbitral; 2o regras escolhidas pelas partes por referência; e, no silêncio da convenção e das regras, 3o o árbitro supre as lacunas.

3.2. Princípios processuais

Apesar da liberdade de escolha das regras procedimentais, o processo arbitral, que fique bem claro, deve sempre respeitar os princípios do contraditório, da igualdade das partes, da imparcialidade do árbitro e de seu livre convencimento[41].

3.2.1. Contraditório

A Constituição Federal assegura às partes o direito ao contraditório e à ampla defesa[42], tanto em processos judiciais quanto em administrativos. A Lei de Arbitragem reconhece, expressamente, que esses direitos também devem ser observados em processos arbitrais[43].

Ampla defesa pode ser definida como o direito

---

41 Art. 21, § 2º, da Lei de Arbitragem.

42 Art. 5º, LV, da Constituição Federal.

43 Deve ser registrado que mesmo não havendo referência no art. 21, § 2º, da Lei de Arbitragem de 1996 ao princípio da ampla defesa, este seria aplicado ao procedimento arbitral, dado que os princípios processuais constitucionais incidem em qualquer tipo de processo sob a legislação pátria.

das partes de serem informadas de todos os fatos, alegações e provas de um processo e de terem oportunidade de sobre eles se manifestarem[44].

Contraditório, por sua vez, representa a garantia constituída, por um lado, em conferir oportunidades iguais para as partes apresentarem seus argumentos, contestarem os argumentos da contraparte, participarem da produção de provas e reagirem contra qualquer ato da parte contrária ou do julgador que vá contra seus interesses legítimos[45].

Diante desses princípios, o processo arbitral deve ser conduzido de modo a que todas as partes tenham oportunidade para apresentar suas causas de pedir e pedidos, bem como produzir as provas necessárias para satisfazer seus ônus probatórios, impugnar as alegações e provas da contraparte, além de permitir que as partes tenham acesso a todas as

---

44 Confira-se, nesse sentido, MENDES, Gilmar F. Significado do Direito de Defesa. Informativo semanal COAD. Rio de Janeiro: Centro de Orientação, Atualização e Desenvolvimento Profissional – COAD, v. 13, n. 35, p. 437-438, set. 1993.

45 Confira-se THEODORO JUNIOR, Humberto. O Processo Civil Brasileiro: Uma Apresentação. *In:* BARBOSA MOREIRA, José Carlos. Temas de Direito Processual. São Paulo: Saraiva, 1997. v. 6, p. 2.

informações relevantes do processo.

Os princípios do contraditório e da ampla defesa não devem ser interpretados de forma desarrazoada, como se vedassem que os árbitros indeferissem a produção de prova inútil ou a apresentação de petições repetitivas. Conforme denota a jurisprudência em casos judiciais, o contraditório e a ampla defesa só são violados se não se permite a produção de determinada prova ou a apresentação de certa alegação necessária à resolução da controvérsia[46.]

3.2.2 Igualdade das partes

As partes deverão ser tratadas de maneira igualitária, vale dizer, elas deverão ter oportunidades análogas para nomear árbitros, expor seus argumentos e apresentar e/ou impugnar provas.

3.2.3 Independência, imparcialidade e livre convencimento do árbitro

---

46 STJ, 3ª Câmara, REsp. 184472/SP, Rel. Min. Castro Filho, j. em 02.02.2004.

O árbitro deve julgar a causa de modo imparcial e independente. A esse respeito, faz-se referência ao disposto sobre imparcialidade e independência dos árbitros no item anterior.

Além disso, o árbitro deverá decidir de acordo com seu livre convencimento dos fatos e de suas implicações legais.

3.3. Princípio da "competência-competência"

A Lei de Arbitragem determina que o árbitro (ou o órgão da entidade administradora previsto nas regras arbitrais, se for o caso) tem competência privativa para decidir sobre sua própria competência durante o processo arbitral, sem possibilidade de questionamento ao Poder Judiciário nesse período. Abraçou, assim, princípio adotado em diversos ordenamentos jurídicos, conhecido pela expressão de direito alemão "Kompetenz-Kompetenz"[47,] que pode

---

47 Para a aplicação do princípio "Kompetenz-Kompetenz" no direito alemão, confira-se FOUCHARD, P; GAILLARD, E.; GOLDMAN, B. Traité de l'arbitrage commercial international. Paris: Litec, 1996. p. 396-397.

ser traduzida literalmente como "competência-competência".

O princípio da "competência-competência" tem dois efeitos. O primeiro seria conferir ao árbitro (ou a órgão da entidade arbitral, segundo algumas regras) o poder de decidir sobre sua própria jurisdição. O segundo seria o de afastar a revisão do Poder Judiciário sobre essa decisão, enquanto a arbitragem estiver em curso. Em outras palavras, a parte não deve ir ao Poder Judiciário para alegar a incompetência, suspeição ou impedimento dos árbitros, e/ou a nulidade, invalidade ou ineficácia da convenção de arbitragem, antes da prolação da sentença arbitral. Muito menos propor ações judiciais para suspender o curso da arbitragem. Como regra geral, a parte deve primeiro arguir a questão perante os árbitros ou o órgão arbitral previsto nas regras aplicáveis. E, se a decisão lhe for desfavorável, a parte a princípio não poderá impugná-la em juízo estatal durante a arbitragem, mas apenas ao final, podendo propor pedido de anulação de sentença arbitral.

3.4. Instituição da arbitragem e fase postulatória

3.4.1. Regras procedimentais

Repita-se, a arbitragem não está, a princípio, submetida ao Código de Processo Civil. E a Lei de Arbitragem não detalha o procedimento a ser adotado. Não estão na lei, por exemplo, os requisitos da petição inicial, nem o prazo para contestação, tampouco o procedimento para audiência. Essas regras, se houverem, serão encontradas no regulamento arbitral adotado pelas partes.

Nada obstante, é praxe que os procedimentos arbitrais mais complexos dividam-se em três fases com características distintas: (a) uma fase mais focada em atos postulatórios, na qual as partes apresentam suas alegações; (b) uma fase mais concentrada na instrução da causa e produção de provas, que pode incluir, dentre outros métodos probatórios, pedidos de exibição de documentos, realização perícia e audiência para oitiva de testemunhas; e (c) fase decisória, culminando na prolação da sentença[48.] Eis

---

48 Ver CARMONA, Carlos Alberto. O Processo Arbitral. Revista de Arbitragem e Mediação. São Paulo: Revista dos Tribunais, a. 1, n. 1, p. 27-29, jan./abr. 2004. Embora não faça expressa alusão a tal divisão por fases, o Professor Carmona, acaba por dividir o procedimento em "Início do Procedimento arbitral", "Instrução Processual" e "Sentença arbitral" (itens 8, 9 e 10) no referido artigo.

uma distinção meramente didática, pois pode haver produção de prova (e.g, apresentação de documentos) na fase postulatória, bem como atos postulatórios (e.g, submissão de alegações pós-audiência) no curso da instrução.

É essencial que o advogado estude detidamente o regulamento de arbitragem aplicável, pois os requisitos procedimentais diferenciam-se significativamente de entidade a entidade, e podem distar significativamente do processo judicial. Por exemplo, mostra-se comum que o requerimento de arbitragem possa ter uma descrição sumária da causa de pedir (ao contrário da petição inicial do processo judicial, que deve ser exaustiva) e que os pedidos possam ser alterados até o termo de arbitragem, o que não ocorreria no juízo estatal.

3.4.2. Instituição e prescrição

A arbitragem se "institui" quando aceita nomeação pelo árbitro, se for único, ou por todos, se forem vários[49]. A nomeação de árbitros acontece, em regra, no início do processo, cabendo ao regulamento arbitral aplicável prever o momento exato quando essa nomeação deve realizar-se.

Não há formalidade legal para a aceitação da nomeação pelos árbitros, o que dependerá das regras procedimentais aplicáveis.

A instituição da arbitragem interrompe a prescrição, retroagindo à data do requerimento de sua instauração, ainda que extinta a arbitragem por ausência de jurisdição[50].

A prescrição pode ser interrompida antes, por alguma outra causa prevista em lei, como protesto judicial[51] ou citação em ação judicial com o mesmo

---

49 Art. 19, *caput*, da Lei de Arbitragem.
50 Art. 19, parágrafo segundo, da Lei de Arbitragem.

objeto, mesmo se inexistir jurisdição[52], ou a ação do art. 7o da Lei de Arbitragem para preencher lacunas de cláusula compromissória vazia.

Interessante notar a diferença entre a "instituição" da arbitragem com a "instauração", que seria dar início à arbitragem, como por exemplo mediante protocolo de requerimento arbitral[53]. A Lei de Arbitragem então reconhece que o procedimento pode ter começado ("instauração"), sem que determinados efeitos ainda sejam produzidos, visto que dependentes da "instituição".

3.4.3. Termo de arbitragem

As regras de certas entidades arbitrais preveem que, após a nomeação dos árbitros e antes do início da fase probatória, as partes e os árbitros deverão celebrar instrumento, conhecido como termo de arbitragem ou ata de missão, para, dentre outros fins,

---

51 Art. 202, II, do Código Civil.
52 Art. 202, I, do Código Civil.
53 Confira-se a esse respeito Nunes, Thiago Marinho. "Instauração e Instituição da Arbitragem". em https://www.migalhas.com.br/coluna/arbitragem-legal/387318/instauracao-e-instituicao-da-arbitragem, acesso 30.05.2023.

resumir as pretensões e pedidos[54,] especificar os pontos litigiosos, detalhar certas regras procedimentais e registrar elementos tais como a qualificação das partes e dos árbitros, a lei aplicável e a sede da arbitragem.

A celebração de termo de arbitragem tem várias vantagens, tais como:

(i)   define o escopo da ação e da reconvenção, tornando mais fácil a futura averiguação se a sentença foi *ultra*, *extra* ou *citra petita*;

(ii)   compele as partes a especificar claramente os pontos litigiosos, ajudando aos árbitros a entender melhor o caso;

(iii)   permite um maior detalhamento do procedimento a ser adotado na arbitragem; e

(iv)   estabelece um cronograma para a arbitragem.

---

54 Esse resumo deve, preferencialmente, ser feito pelas próprias partes. Atente-se, contudo, que se trata de resumo, e não de nova petição; portanto, a parte deve ser sucinta e objetiva.

O termo de arbitragem/ata de missão usualmente contém um resumo das alegações das partes e a descrição dos pedidos. Com perdão do truísmo, esse resumo deve ser sucinto, o que não é compreendido por muitas partes, que tentam fazê-lo como se fosse uma petição. Cada parte tem o direito de apresentar o resumo de suas alegações e a descrição de seu pedido, não sendo recomendável, salvo casos excepcionalíssimos, que a outra parte interfira na redação. Tampouco devem as partes se sentir desconfortáveis com o que a outra escreveu como alegações e/ou pedidos. Deve se ter em mente que, ao assinar o termo de arbitragem/ata de missão, a parte não está concordando com as alegações, nem com os pedidos da outra parte.

O termo de arbitragem normalmente contém cronograma dos próximos passos do procedimento arbitral, que por ir até a especificação de provas ou mesmo detalhar as etapas até a prolação de sentença.

3.5. Fase probatória

Transcorrida uma fase de natureza mais postulatória, normalmente aprofunda-se a instrução da causa, passando-se a focar na produção de provas. Dentre as provas que podem ser produzidas, destacam-se o pedido de exibição de documento ou coisa, o depoimento pessoal da parte, a prova testemunhal e a prova pericial. Como há artigos específicos neste livro sobre os demais tipos de prova, abordar-se-á neste apenas a pericial.

Sempre bom lembrar que a produção de provas em arbitragem não está sujeita às normas do Código de Processo Civil. Como as regras arbitrais tendem a ser sucintas a esse respeito, normalmente cabe ao árbitro regular a matéria, considerando os princípios do contraditório, ampla defesa, igualdade entre as partes e demais princípios processuais cogentes, e visando a eficiência do procedimento.

3.5.1. Perícia

Embora a via arbitral permita a escolha de árbitros com certo conhecimento das áreas de negócio objeto do litígio, isso não afasta, necessariamente, a realização de perícia para esclarecer questões técnicas controversas.

Há dois métodos principais de produção de prova pericial em arbitragem: (i) a nomeação de peritos pelo julgador, podendo as partes nomear seus respectivos assistentes técnicos, em moldes semelhantes ao do CPC; ou (ii) a condução da perícia apenas pelos profissionais contratados pelas partes, sem que o julgador tenha seu próprio perito. É a chamada testemunha técnica (*expert witness*).

Como na arbitragem os árbitros possuem certa flexibilidade para a determinação do procedimento e do modo de produção de provas, não há a obrigação de se seguir o modelo de perícia previsto no CPC em processos arbitrais com sede no Brasil, podendo ser adotado o procedimento de *expert witness*. Nada impede, ainda, que a perícia seja inicialmente realizada por testemunha técnica e que, posteriormente, os árbitros determinem perito do juízo apenas para questões técnicas específicas que restarem controversas, o chamado "perito desempatador".

De qualquer forma, a prática ensina que, em vista do maior conhecimento específico do julgador, a discussão técnica na arbitragem costuma ser profunda e minuciosa, inclusive com a possibilidade de inquirição direta dos *experts* em audiência. O advogado deve estar preparado para entender e enfrentar diretamente as questões técnicas, não devendo se fiar apenas nas opiniões de seus clientes e do assistente técnico.

3.6. Tutelas de Urgência e Medidas Coercitivas

Antes da instituição da arbitragem, a parte poderá ir ao Poder Judiciário para pleitear medidas coercitivas ou tutelas de urgência, sem que isso configure ofensa ou renúncia à escolha do foro arbitral. Trata-se de aplicação, nessa hipótese adequada, do princípio do livre acesso ao Poder Judiciário[55], em conjunto com o princípio processual *quando est periculum in mora incompetentia non attenditur*, ou seja, que se deve afastar as regras de competência quando houver algum obstáculo impedindo o acesso ao juízo originariamente competente. Nesse sentido, preconiza o art. 22-A da Lei de Arbitragem: "antes de instituída a arbitragem, as partes poderão recorrer ao poder judiciário para a concessão de medidas cautelares ou de urgência".

A parte deverá propor a "ação principal" no prazo de 30 (trinta) dias, contados da data da efetivação da liminar, sob pena de cessação de sua eficácia[56]. No caso de medida coercitiva ou tutela de urgência preparatória a arbitragem, a ação principal deverá ser o requerimento de arbitragem.

Considerando que a partir do CPC de 2015 os prazos processuais passaram a ser contados em dias úteis57, surge a questão, que tem dividido a jurisprudência, como os 30 dias para propositura da

---

55 Art. 5º, XXXV, da Constituição Federal.
56 Art. 22-A, parágrafo único, da Lei de Arbitragem.
[57] Art. 212 do CPC/2015.

arbitragem seria contado. Alguns julgados relativos a processo judicial reputam prazo para propositura de ação principal como decadencial, o que afastaria a regra do CPC de cômputo em dias úteis[58], enquanto que outros o consideram processual, contando-o em dias úteis[59].

Instituída a arbitragem, caberá aos árbitros manter, modificar ou revogar a medida cautelar ou de urgência concedida pelo Poder Judiciário[60]. E, estando já instituída a arbitragem, a medida cautelar ou de urgência será requerida diretamente aos árbitros[61]. Ou seja, depois da instituição da arbitragem, em princípio a jurisdição para medida cautelar ou de urgência cumpre apenas aos árbitros, e não ao Poder Judiciário.

Não obstante a competência do árbitro sobre medidas cautelares ou de urgência, pode haver a necessidade de cumprimento do ato por órgão do Poder Judiciário, especialmente em situações nas

---

[58] STJ, AgInt no REsp nº 1.982.986/MG, 1ª Turma, Rel. Min. Benedito Gonçalves, j. 20.06.2022.

[59] STJ, REsp nº 1763736/RJ, 4ª Turma, Rel. Min. Antonio Carlos Ferreira, j. 21.06.2022.

[60] Art. 22-B, caput, da Lei de Arbitragem.

[61] Art. 22-B, parágrafo único, da Lei de Arbitragem.

quais se mostra necessário o uso da força, como condução de testemunha ou busca e apreensão. Nesse caso, o árbitro deverá comunicar sua decisão ao Poder Judiciário mediante "carta arbitral"[62], que fica obrigado a cumpri-la. A criação da "carta arbitral" para esse tipo de comunicação, adotado pelo CPC de 2015 e pela Reforma da Lei de Arbitragem, seguiu o raciocínio de que (i) o árbitro é juiz de fato e de direito e (ii) juízes comunicam-se entre si através de "cartas".

A carta arbitral deverá contar os mesmos requisitos das cartas previstas no CPC de 2015 (precatória, rogatória e de ordem) e deverá ser instruída, ainda com (i) a convenção de arbitragem e (ii) provas da nomeação do árbitro e de sua aceitação da função[63].

---

62 Art. 22-C da Lei de Arbitragem. "O árbitro ou o tribunal arbitral poderá expedir carta arbitral para que o órgão jurisdicional nacional pratique ou determine o cumprimento, na área de sua competência territorial, de ato solicitado pelo árbitro."

63 Art. 260 do Código de Processo Civil. São requisitos das cartas de ordem, precatória e rogatória: I – a indicação dos juízes de origem e de cumprimento do ato; II – o inteiro teor da petição, do despacho judicial e do instrumento do mandato conferido ao advogado; III – a menção do ato processual que lhe constitui o objeto; IV – o encerramento com a assinatura do juiz. (...)§ 3º A carta arbitral atenderá, no que couber, aos requisitos a que se refere o caput e será instruída com a convenção de arbitragem e com as provas da nomeação do árbitro e de sua aceitação da função.

3.7. Produção Antecipada de Provas

O Art. 381 do CPC de 2015 alterou a sistemática da produção antecipada de provas, que deixou de ser um procedimento cautelar típico, conforme o anterior regime do CPC de 1973, e passou a ser uma ação autônoma, admitida não só nas hipóteses de urgência, mas também quando ou "a prova a ser produzida seja suscetível de viabilizar a autocomposição ou outro meio adequado de solução de conflito" ou "o prévio conhecimento dos fatos possa justificar ou evitar o ajuizamento de ação".[64]

Diante de sua natureza de direito de ação autônoma, processada perante o Poder Judiciário, pode-se indagar como a produção antecipada de provas se conforma quando a disputa subjacente está sujeita a uma convenção arbitral e, portanto, esse conteúdo probatório destina-se ao árbitro, e não o Poder Judiciário[65]. Aqui há de se distinguir diversas

---

[64] "Art. 381. A produção antecipada da prova será admitida nos casos em que: I - haja fundado receio de que venha a tornar-se impossível ou muito difícil a verificação de certos fatos na pendência da ação; II - a prova a ser produzida seja suscetível de viabilizar a autocomposição ou outro meio adequado de solução de conflito; III - o prévio conhecimento dos fatos possa justificar ou evitar o ajuizamento de ação", do Código de Processo Civil.
[65] "Art. 22. Poderá o árbitro ou o tribunal arbitral tomar o depoimento das partes, ouvir testemunhas e determinar a realização de perícias ou outras provas que

hipóteses.

A primeira hipótese ocorre quando a cláusula compromissória proibir expressamente a ação judicial de produção antecipada de provas. Nesse caso, há um negócio jurídico processual, autorizado pelo Art. 190 do CPC de 2015. Não vejo qualquer óbice de ordem pública para renúncia dessa ação autônoma66.

A segunda hipótese acontece se a cláusula compromissória não veda a ação de produção antecipada de provas e a parte alega urgência. Por expressa previsão legal urgência continua sendo, por outras palavras, um dos possíveis fundamentos dessa medida, sob as vestes do "fundado receio de que venha a tornar-se impossível ou muito difícil a verificação de certos fatos" 67. Assim, não se pode afastar o acesso ao Poder Judiciário. Nesse caso, não incide o ônus de propositura da ação principal dentro de 30 dias, sob pena de perda da eficácia68. porque a

---

julgar necessárias, mediante requerimento das partes ou de ofício", da Lei nº 9.307/96.
66 Nesse sentido: MEIRELES, Carolina Costa. *Produção antecipada de provas e arbitragem uma análise sobre competência*. Revista de Processo, v. 303, p. 451, mai. 2020.
67 "Art. 381. (...) I do Código de Processo Civil - A produção antecipada da prova será admitida nos casos em que: I - haja fundado receio de que venha a tornar-se impossível ou muito difícil a verificação de certos fatos na pendência da ação".

ação de produção antecipada de provas é autônoma e está sujeita regime específico.

A terceira hipótese, mais tormentosa, seria a produção antecipada de provas que não tiver como fundamento o risco de impossibilidade de verificação futura dos fatos (ou seja, periculum in mora) e nas quais a cláusula compromissória seja silente sobre a possibilidade desse tipo de ação judicial.

De um lado, a redação do art. 381 do CPC de 2015 é clara ao prever essa ação para "viabilizar (...) meio adequado de solução de conflito"[69] ou para "justificar ou evitar o ajuizamento de ação"[70], hipóteses que dispensam urgência. Assim, alguns autores defendem o cabimento da ação de produção antecipada de provas nessas circunstâncias[71].

---

[68] "Art. 22-A. (...) Parágrafo único da Lei nº 9.307/69. Cessa a eficácia da medida cautelar ou de urgência se a parte interessada não requerer a instituição da arbitragem no prazo de 30 (trinta) dias, contado da data de efetivação da respectiva decisão", da Lei nº 9.307/69.

[69] Art. 381, II, Código de Processo Civil.

[70] Art. 381, III, Código de Processo Civil.

[71] Confira-se, por exemplo: ZAKIA, José Victor; VINCONTI, Gabriel Caetano. *Produção antecipada de provas em arbitragem e jurisdição*. Revista de arbitragem e mediação, v. 59, p. 195-211, out-dez/2018 e ARSUFFI, Arthur Ferrari. Produção Antecipada de Prova: Eficiência e Organização do Processo. Dissertação de Mestrado. Orientadora: Thereza Celina Diniz de Arruda Alvim. São Paulo. Pontifícia Universidade Católica de São Paulo. 2018. p. 163-168.

Por outro lado, a principal crítica a essa conclusão está no fato de que a ação judicial pode invadir a jurisdição do árbitro, escolhida pelas partes para julgamento do mérito, a quem a prova deveria destinar-se72. Nessa linha, alguns autores ressaltam que a previsão de arbitragem configuraria uma renúncia à jurisdição estatal, salvo nas hipóteses de urgência73.

A esse respeito, há decisão do STJ no sentido de que só poderia haver a ação de produção de provas perante o Poder Judiciário em caso de urgência, transferindo-se, nas demais hipóteses, a jurisdição para arbitragem74. Percebe-se também em outras decisões do Poder Judiciário uma preocupação grande em verificar a urgência, para se deferir produção antecipada de provas75.

---

72 Nesse sentido, YARSHELL, Flávio Luiz., RODRIGUES, Viviane Siqueira, BECERRA, Eduardo de Carvalho e MARQUES. Produção Antecipada de Prova Desvinculada da Urgência na Arbitragem: Requiém? YARSHELL, Flávio Luiz e PEREIRA, Guilherme Setoguti (Coordenadores). In Processo Societário IV. São Paulo: Quartier Latin, 2021, p. 455-472 e MEIRELES, Carolina Costa. *Produção antecipada de provas e arbitragem uma análise sobre competência.* Revista de Processo, v. 303, p. 455, mai. 2020.

73 Confira-se, nessa linha de raciocínio, FORBES, Carlos Suplicy de Figueiredo, GASPARETTI, Marco Vanin e MELO, Marina Couto Falconi. Produção Antecipada de Provas no Judiciário e na Arbitragem. In "Comitê Brasileiro de Arbitragem e a Arbitragem no Brasil.", op. cit., p. 451.

74 STJ, REsp 2.2023.615/SP, 3a Turma, Rel. Marco Aurélio Belizze, j. 14.03.2023.

75 Por exemplo: TJSP, 1ª Câmara de Direito Privado, Apelação Cível nº 1004160-81.2019.8.26.0100, Rel. Desembargador Gilson Delgado Miranda, j. 11.12.2019; TJSP, 29ª Câmara de Direito Privado, Agravo de Instrumento nº 2119783-

Eduardo Talamini defende uma posição intermediária, segundo a qual, na falta de urgência, a produção antecipada da prova para fins não cautelares seja feita em processo arbitral específico para tal fim, mas com determinadas exceções, como (i) quando a prova definirá os contornos da pretensão, inclusive se seria hipótese de jurisdição arbitral; (ii) diante de resistência de uma parte à produção probatória, sendo mais eficiente processar no Poder Judiciário, pela necessidade de medidas coercitivas; e (iii) se a medida for singela e poder ser resolvida mais eficientemente pela corte estatal76.

Vale aqui uma última reflexão. A hipótese de produção antecipada de provas no CPC 2015, que não seja por urgência, fundamenta-se ou em suposta busca de autocomposição ou em providência para evitar ajuizamento da ação. Mas, na prática, frequentemente logo em seguida o caso deriva para arbitragem. Ou seja, a medida acaba não servindo nem para autocomposição, nem para evitar litígio, frustrando

88.2019.8.26.0000, Rel. Desembargador Vianna Cotrim, j. 29.08.19.
76 TALAMINI, Eduardo. Produção Antecipada de Prova no Código de Processo Civil de 2015. Revista de Processo, v. 260, p. 75-101, out. 2016.

seu propósito, o que pode justificar uma certa resistência do Poder Judiciário, refletida na citada decisão do STJ.

3.8. Execução direta de títulos extrajudiciais e defesa do executado.

O CPC prevê a possibilidade de execução judicial de títulos executivos extrajudiciais[77]. Pode-se inserir cláusula compromissória em contratos que contenham obrigações líquidas e certas, que configurem títulos executivos extrajudiciais. Nessa hipótese, como o árbitro não possui poderes executivos, a parte teria a opção de execução diretamente perante o Poder Judiciário, o que já foi

---

[77] "Art. 784. São títulos executivos extrajudiciais: I - a letra de câmbio, a nota promissória, a duplicata, a debênture e o cheque; II - a escritura pública ou outro documento público assinado pelo devedor; III - o documento particular assinado pelo devedor e por 2 (duas) testemunhas; IV - o instrumento de transação referendado pelo Ministério Público, pela Defensoria Pública, pela Advocacia Pública, pelos advogados dos transatores ou por conciliador ou mediador credenciado por tribunal; V - o contrato garantido por hipoteca, penhor, anticrese ou outro direito real de garantia e aquele garantido por caução; VI - o contrato de seguro de vida em caso de morte; VII - o crédito decorrente de foro e laudêmio; VIII - o crédito, documentalmente comprovado, decorrente de aluguel de imóvel, bem como de encargos acessórios, tais como taxas e despesas de condomínio; IX - a certidão de dívida ativa da Fazenda Pública da União, dos Estados, do Distrito Federal e dos Municípios, correspondente aos créditos inscritos na forma da lei; X - o crédito referente às contribuições ordinárias ou extraordinárias de condomínio edilício, previstas na respectiva convenção ou aprovadas em assembleia geral, desde que documentalmente comprovadas; XI - a certidão expedida por serventia notarial ou de registro relativa a valores de emolumentos e demais despesas devidas pelos atos por ela praticados, fixados nas tabelas estabelecidas em lei; XII - todos os demais títulos aos quais, por disposição expressa, a lei atribuir força executiva", do Código de Processo Civil.

reconhecido inclusive pelo STJ78, que, aliás, reconhece que a existência de cláusula compromissória não desnatura o instrumento como título executivo extrajudicial79.

Daí decorre a dúvida sobre a jurisdição para julgar matérias usualmente objeto de embargos80. Aqui cabe fazer uma diferenciação, reconhecida pela doutrina, entre embargos sobre matéria de mérito e embargos sobre questões processuais81.

Há decisões do STJ determinando a competência do foro arbitral82, por envolverem matéria de cognição, para o qual deve prevalecer a escolha prévia da via arbitral. Em outras circunstâncias específicas, o próprio STJ determinou que a análise de embargos sobre certos temas,

---

78 STJ, SEC 1.210, Corte Especial, Rel. Ministro Fernando Gonçalves, j. 20.06.2007.
79 STJ, REsp 944.917/SP, 3ª Turma, Rel. Ministra Nancy Andrighi, j. 18.09.2008; REsp 1.373.710/MG, 3ª Turma, Rel. Ministro Villas Bôas Cueva, j. 21.12.2000.
80 "Art. 917. Nos embargos à execução, o executado poderá alegar: I – inexequibilidade do título ou inexigibilidade da obrigação; II – penhora incorreta ou avaliação errônea; III – excesso de execução ou cumulação indevida de execuções; IV – retenção por benfeitorias necessárias ou úteis, nos casos de execução para entrega de coisa certa; V – incompetência absoluta ou relativa do juízo da execução; VI – qualquer matéria que lhe seria lícito deduzir como defesa em processo de conhecimento.", do Código de Processo Civil.
81 DINAMARCO, Cândido Rangel. Instituições de direito processual civil. 2a. ed. São Paulo: Malheiros, 2005. p. 689-690.
82 STJ, REsp 944.917/SP, 3ª Turma, Rel. Ministra Nancy Andrighi, j. 18.09.2008.

específicos do processo de execução, prosseguisse na via judicial83. Essa foi a solução adotada na I Jornada de Prevenção e Solução Extrajudicial de Litígios, a qual recomendou que "[a] existência de cláusula compromissória não obsta a execução de título executivo extrajudicial, reservando-se à arbitragem o julgamento das matérias previstas no art. 917, incs. I e VI do CPC/2015" (que são aquelas de mérito).

Cabe analisar a consequência de o executado propor embargos na sede judicial, nos casos em que deveria ter submetido a questão à arbitragem. Não se está diante de hipótese de incompetência absoluta, pois incumbe o réu, em sua defesa, alegar a convenção arbitral84, sob pena de preclusão. Pode-se alegar, assim, que o resultado seria, tal como outras circunstâncias de incompetência relativa, a remessa dos autos à jurisdição competente85, neste caso o tribunal arbitral.

---

83 STJ, REsp 1.373.710/MG, 3ª Turma, Rel. Ministro Ricardo Villas Bôas Cueva, j. 07.04.2015.
84 Art. 337, X, Código de Processo Civil.
85 Art. 64, §3º, X, Código de Processo Civil.

4. SENTENÇA ARBITRAL

4.1. Aspectos gerais

Prevê a Lei de Arbitragem que a sentença arbitral seja proferida em seis meses, contado da instituição da arbitragem ou da substituição do árbitro[86]. Trata-se, contudo, de prazo supletivo, se nada for convencionado. Pode, assim, esse prazo ser prorrogado não só pela cláusula arbitral, por compromisso ou por outra forma de declaração de vontade das partes, como também pelo regulamento dos órgãos arbitrais aplicáveis ao processo em questão. Na prática, só as arbitragens mais simples são realizadas no prazo legal de seis meses. A média de duração das arbitragens nas câmaras brasileiras varia entre 15 e 24 meses, contados da sua instituição.

De qualquer maneira, em vista do disposto no art. 12, II, da Lei de Arbitragem, o mero transcurso do prazo não enseja, automaticamente, a nulidade da arbitragem. Para tanto, é necessário que a parte

---

86   Art. 23 da Lei de Arbitragem.

interessada notifique o árbitro ou o presidente do tribunal arbitral, concedendo-lhes o prazo de dez dias para a prolação da sentença.

A sentença arbitral deve estar formalizada por escrita e ser assinada pelos árbitros. Fica sujeita, ainda, aos mesmos requisitos de validade da sentença judicial[87] (i.e, relatório, fundamentos e dispositivo), somado a dois outros, a data e lugar em que a sentença for proferida. O descumprimento de qualquer desses requisitos poderá ensejar a anulação da sentença arbitral[88].

Quando forem vários os árbitros, a decisão será tomada por maioria. Não é necessário, na hipótese de pluralidade de árbitros, que o painel arbitral decida por unanimidade. Em caso de empate, o presidente terá voto de minerva. A sentença majoritária tem a mesma força e eficácia de uma sentença proferida por unanimidade, não prevendo a Lei de Arbitragem recurso análogo à técnica de julgamento.

---

87 Art. 471, incs. I, II e III do Código de Processo Civil de 2015.
88 Art. 32, III da Lei de Arbitragem.

Sobrevindo transação entre as partes no curso do processo arbitral, elas poderão, se assim quiserem, desistir da arbitragem, a qual deverá ser extinta. Alternativamente, as partes poderão requerer que os árbitros homologuem os termos e condições de seu acordo, mediante sentença arbitral homologatória, que deverá seguir os mesmos requisitos formais de outras sentenças arbitrais (i.e, relatório, fundamentos, dispositivo, data e local).

A principal vantagem da homologação arbitral do acordo consiste no fato de que, em caso de inadimplemento, a parte prejudicada teria um título executivo judicial, passível de cumprimento de sentença, procedimento mais célere e com hipóteses de impugnação mais restritas do que, por exemplo, a execução judicial de instrumento de transação firmado por duas testemunhas, que configuraria título executivo extrajudicial.

4.2. Medidas relativas à sentença arbitral.

A sentença arbitral proferida no Brasil produz os mesmos efeitos da sentença judicial brasileira, constituindo título executivo judicial e estando sujeito a cumprimento de sentença.

Importante notar que inexiste recurso contra o mérito da sentença arbitral. Todas as medidas contra a sentença arbitral focam em vícios na escolha do foro arbitral (eg, se a parte consentiu ou se a matéria poderia ser resolvida pela via arbitral) e/ou no procedimento (eg, violação à ampla defesa e contraditório). Não se pode discutir o mérito da arbitragem fora da arbitragem. O advogado deve estar ciente, portanto, que, para o bem ou para o mal, tem apenas uma oportunidade para ganhar a causa.

A sentença arbitral não está sujeita ao mesmo sistema de recursos da sentença judicial. Por exemplo, a Lei de Arbitragem não prevê ação rescisória contra a sentença arbitral. A sentença arbitral pode ser revista apenas nas seguintes hipóteses, nenhuma delas ensejando revisão de mérito:

a)   por embargos arbitrais, para corrigir erro material, obscuridade, dúvida ou contradição, ou para que o árbitro se pronuncie sobre ponto omitido;

b)   por ação anulatória, nos casos expressamente previstos no art. 32 da Lei de Arbitragem; e

c)   se a parte vencedora propor judicialmente cumprimento de sentença arbitral, por impugnação, nos casos contemplados no Código de Processo Civil.

4.3. Embargos arbitrais

Cabem "embargos arbitrais" para corrigir erro material ou esclarecer obscuridade, dúvida ou contradição da sentença arbitral, ou para que o árbitro ou painel de árbitros pronunciem-se sobre ponto omitido.

Os embargos arbitrais não devem servir como recurso contra o mérito da sentença, mas sim como medida para corrigir erro material, obscuridade, dúvida, contradição ou omissão. Não devem ser admitidos, pois, embargos que, na verdade, tenham natureza de pedido de reconsideração ou configurem uma espécie de apelação dissimulada. Deve-se atentar que, a princípio, não há duplo grau de jurisdição na arbitragem, e os embargos não podem servir para esse fim.

Nada impede, contudo, que o árbitro ou painel de árbitros, ao efetuar correção de erro, obscuridade, dúvida, contradição ou omissão, julgue necessário modificar em algum ponto o mérito da decisão, fenômeno conhecido efeitos infringentes dos embargos.

A Lei de Arbitragem concede 5 dias da ciência da sentença para a parte propor embargos arbitrais[89.] E, conforme o aludido diploma legal, os árbitros devem julgá-los em 10 dias[90]. Esses prazos são supletivos. Se as regras arbitrais e/ou a convenção arbitral previrem prazos distintos, os prazos

---

89 Art. 30, *caput*, da Lei de Arbitragem.
90 Art. 30, parágrafo único, da Lei de Arbitragem.

convencionais prevalecem sobre esses estabelecidos na Lei de Arbitragem.

4.4. Ação anulatória de sentença arbitral

O art. 32 da Lei de Arbitragem prevê as seguintes hipóteses de cabimento de ação anulatória de sentença arbitral:

- se for nula a convenção de arbitragem;
- se a sentença arbitral emanou de quem não podia ser árbitro;
- se a sentença arbitral não contiver os requisitos formais (art. 26 da Lei de Arbitragem);
- se a sentença arbitral for proferida fora dos limites da convenção de arbitragem;
- se comprovado que a sentença arbitral foi proferida por prevaricação, concussão ou corrupção passiva;
- se a sentença arbitral for proferida fora do prazo, desde que o árbitro seja

notificado para, em 10 dias, sanar a mora; e

- se forem desrespeitados os princípios do contraditório, da igualdade das partes, da imparcialidade do árbitro e de seu livre convencimento.

A maior parte das ações anulatórias referem-se ou a falta de independência/parcialidade do árbitro ou a alegação de que determinada decisão do árbitro relativa à produção de prova (eg, indeferimento de perícia) violou o direito de ampla defesa ou contraditório. Contudo, que o percentual de arbitragens anuladas é baixo.

A Lei de Arbitragem preconizava, inicialmente, que a sentença arbitral que não decidisse todos os pontos controversos poderia ser objeto de ação anulatória, o que não era a redação mais correta tecnicamente, pois não se queria invalidar a sentença, mas sim forçar sua complementação. A reforma da Lei de Arbitragem corrigiu esse ponto e previu expressamente que não se trata de ação anulatória, mas de ação judicial específica, para o árbitro proferir sentença arbitral complementar, sem prejuízo da sentença arbitral original.

A maioria da doutrina entende como taxativos os casos de anulação de sentença arbitral previstos no art. 32 da Lei de Arbitragem e acima descritas; vale dizer, ninguém poderia alegar qualquer vício, senão aqueles ali indicados. Interessante notar que a violação da ordem pública não é, de *per se*, uma hipótese de anulação da sentença arbitral doméstica. Tampouco prevê a Lei de Arbitragem, como hipótese de anulação, erro de direito. Tratou-se de uma decisão consciente do legislador, para não estabelecer hipóteses de anulação amplas ou genéricas, que pudessem amparar uma enxurrada de ações e, ao longo do tempo, pudesse enfraquecer o próprio instituto.

Nesse cenário, o advogado deve estar ciente que a arbitragem é foro de instância única, cujo mérito não pode ser revisto pelo Poder Judiciário.

A sentença judicial que julgar procedente o pedido de ação anulará a sentença arbitral, nos casos do art. 32, e determinará, se for o caso, que o árbitro ou o tribunal profira nova sentença arbitral[91].

A ação anulatória não implica em revisão do mérito, mas apenas na desconstituição da sentença arbitral questionada. Se a escolha do foro arbitral tiver sido válida, a matéria poderá voltar a ser julgada por arbitragem.

A demanda para a anulação da sentença arbitral seguirá o procedimento comum, previsto no Código de Processo Civil. A legitimada passiva da ação anulatória ou de complementação de sentença arbitral é a(s) contraparte(s) do procedimento arbitral originário. Nem os árbitros, nem a instituição arbitral devem constar como réus.

O prazo para propositura da ação anulatória equivale a 90 (noventa) dias após o recebimento da notificação da sentença arbitral ou de seu aditamento. Trata-se de prazo decadencial, que não pode ser interrompido, tampouco suspenso, nem por acordo entre as partes. Em vista dessa natureza decadencial,

---

91 Art. 33, § 1º, da Lei de Arbitragem.

sequer a formulação dentro de 90 dias de pedido de tutela cautelar em caráter antecedente, ou qualquer outra que não vise exatamente à desconstituição da sentença arbitral, evitaria a perda do direito.

A propositura da ação anulatória não suspende automaticamente os efeitos da sentença arbitral. Não obstante, o autor poderá requerer antecipação de tutela para esse fim, nos termos do Código de Processo Civil.

4.5. Cumprimento de sentença

A invalidade da sentença arbitral também pode ser arguida mediante impugnação, se houver cumprimento de sentença. O executado pode arguir, na impugnação do cumprimento de sentença, a nulidade ou anulação da sentença arbitral, com base nas hipóteses previstas no art. 32 da Lei de Arbitragem, descritas no item anterior, desde que o faça no prazo de 90 (dias) previstos. A jurisprudência consolidou-se no sentido de que, decorrido esse prazo, o executado poderá apenas alegar em sua impugnação as hipóteses do CPC para impugnação, e não mais poderá requerer a anulação da sentença arbitral[92].

5. SENTENÇA ARBITRAL ESTRANGEIRA

A Lei de Arbitragem não distingue entre arbitragens domésticas e estrangeiras, com fins de estabelecer regras distintas. A legislação restringe-se a diferenciar a nacionalidade da sentença arbitral, que poderá ser doméstica ou estrangeira, dependendo do local de prolação[93]. Grosso modo, sentença doméstica é aquela proferida no Brasil e estrangeira a proferida no exterior[94].

A nacionalidade da sentença arbitral tem consequências práticas relevantes. Dentre elas se destaca o fato de que a execução de sentenças arbitrais estrangeiras está condicionada ao seu prévio reconhecimento pelo Superior Tribunal de Justiça. Contudo, as sentenças estrangeiras só podem ter seu

---

[92] STJ, REsp 1.900.136-SP, rel. Min. Nancy Andrighi, j. 06.04.2021.

[93] Art. 34, parágrafo único, da Lei de Arbitragem.

[94] Nesse sentido, *vide* STJ, REsp 1231554/RJ, Rel². Min². Nancy Andrighi, j. em 24.05.2011.

81

reconhecimento denegado pelo STJ nas hipóteses previstas na Convenção de Nova Iorque.

Já as sentenças domésticas podem ser executadas, diretamente, perante o Poder Judiciário de primeira instância, desde sua prolação. Podem, entretanto, ser anuladas, nos casos contemplados no art. 32 da Lei de Arbitragem, ou ser objeto de impugnação de sentença, como estudado no item anterior.

A isso se soma outros efeitos igualmente relevantes, como a identificação da lei que regula os procedimentos arbitrais (*lex arbitri*) e a identificação do Poder Judiciário nacional competente para conhecer e decidir sobre questões incidentais conexas à arbitragem e sobre a anulabilidade da sentença arbitral[95].

O reconhecimento de sentença arbitral estrangeira pode ser denegado por duas espécies de motivos. Primeiramente, por vícios na convenção de arbitragem e/ou no procedimento arbitral e/ou na

---

95 LEWIS, Julian D. W. *apud* GARCEZ, José Maria R. Escolha da Lei Substantiva da Arbitragem. Revista dos Tribunais, a. 2, n. 4.

sentença, conforme o art. V (1) da Convenção de Nova Iorque e o art. 38 da Lei de Arbitragem. Esses vícios devem ser alegados pela parte, que terá o ônus da prova. São eles: (i) incapacidade das partes[96]; (ii) invalidade da convenção de arbitragem[97]; (iii) ausência de notificação da parte sobre arbitragem ou violação dos princípios da ampla defesa ou contraditório[98]; (iv) sentença ultra ou extra petita[99]; (v) nomeação dos árbitros ou condução do processo arbitral em desconformidade com a convenção de arbitragem[100]; ou (vi) a sentença ainda não obrigatória para as partes, anulada ou suspensa[101].

A segunda espécie de causa de indeferimento de homologação de sentença arbitral estrangeira relaciona-se a casos em que (i) o objeto do litígio não possa ser arbitrado de acordo com o direito brasileiro[102], ou (ii) a decisão viola a ordem pública[103]. Nessas

---

96 Art. 38, I, da Lei de Arbitragem e art. 5(1)(a) da Convenção de Nova Iorque.
97 Art. 38, II, da Lei de Arbitragem e art. 5(1)(a) da Convenção de Nova Iorque.
98 Art. 38, III, da Lei de Arbitragem e art. 5(1)(b) da Convenção de Nova Iorque.
99 Art. 38, IV, da Lei de Arbitragem e art. 5(1)(c) da Convenção de Nova Iorque.
100 Art. 38, V, da Lei de Arbitragem e art. 5(1)(d) da Convenção de Nova Iorque.
101 Art. 38, VI, da Lei de Arbitragem e art. 5(1)(e) da Convenção de Nova Iorque.
102 Art. 39, I, da Lei de Arbitragem e art. 5(2)(a) da Convenção de Nova Iorque.

circunstâncias, o STJ poderá denegar a homologação de ofício, mesmo se esses argumentos não forem apresentados pela parte contrária.

O reconhecimento de sentença arbitral estrangeira deverá ser requerida ao Presidente do STJ, mediante petição instruída com original ou cópia autenticada da sentença arbitral e da convenção de arbitragem aplicável[104]. Qualquer documento em idioma estrangeiro deverá ser apresentado com tradução juramentada.

A parte contra a qual se pretende executar a sentença será citada para contestar, no prazo de 15 dias[105]. Apresentada a contestação, serão admitidas réplicas e tréplicas em 5 dias[106]. Depois disso, os autos são remetidos ao Ministério Público Federal para manifestação, no prazo de dez dias, podendo impugnar a homologação se considerar que não foi atendida alguma condição aplicável[107].

---

103 Art. 39, II, da Lei de Arbitragem e art. 5(2)(b) da Convenção de Nova Iorque.

104 Arts. 216-A e 216-D do Regimento Interno do STJ.

105 Art. 216-H do Regimento Interno do STJ.

106 Art. 216-J do Regimento Interno do STJ.

107 *Idem.*

Se houver contestação ou impugnação, o processo deverá ser distribuído para julgamento pela Corte Especial do STJ, cabendo ao Relator os demais atos relativos ao andamento e à instrução do processo[108]. O relator poderá julgar monocraticamente se houver jurisprudência consolidada da corte especial a respeito do tema[109]. Das decisões do Presidente ou do relator na homologação de sentença estrangeira cabe agravo[110].

A sentença estrangeira homologada será executada por carta de sentença, no juízo competente[111].

---

108 Art. 216-K do Regimento Interno do STJ.

109 Art. 216-L, parágrafo único, do Regimento Interno do STJ.

110 Art. 216-M do Regimento Interno do STJ.

111 Art. 965 do novo Código de Processo Civil e art. 216-N do Regimento Interno do STJ.

II. GUIA POLITICAMENTE INCORRETO DA ARBITRAGEM BRASILEIRA

1. Haveria uma crise na arbitragem?

Vê-se a trajetória da arbitragem no Brasil como um caso de estrondoso sucesso. De um instituto praticamente em desuso antes da lei de 1996, passou hoje a ser o meio preferencial de solução de conflitos contratuais complexos. Esse momento auspicioso coroou-se com reforma da Lei de Arbitragem, em 2015, muito bem vista pela comunidade arbitral, pois se limitou a pequenos ajustes em pontos que mereciam esclarecimentos.

Mas só haveria flores? Há um fenômeno que vem tomando corpo: empresas com experiência negativa, que afirmam não mais quererem participar de arbitragem. Isso se deve a vários fatores, dentre eles destacando-se: (i) o custo da arbitragem, muito superior ao do processo judicial; (ii) procedimentos que demoram mais do que o esperado, especialmente porque os árbitros encontram-se assoberbados; e (iii) inexistência de recurso, ou, seja, a parte possui apenas uma "bala de prata", sendo que, em caso de equívoco na decisão, só pode ser anulada por vício na convenção ou no procedimento.

Essas críticas atualmente configuram exceção, e não regra. Apesar disso, há movimentos de nova reforma legislativa, desta vez com vieses mais negativos ao instituto.

Churchill dizia que a democracia era a pior forma de governo, exceto as demais. O mesmo raciocínio talvez se aplique à arbitragem. Não é uma panaceia, mas funciona melhor do que o processo judicial.

Nada obstante, há certo tabu entre os militantes da arbitragem em criticar o instituto, provavelmente em virtude do início tortuoso, com a discussão sobre ceticismo do mercado, medo de jurisprudência negativa e de propostas legislativas mirabolantes. Só falamos do lado bom, como se fossemos tão apaixonados que estivéssemos desconectados da realidade e ignorássemos os problemas. Isso pode, contudo, tirar-nos a credibilidade e dar munição aos críticos, o que pode insuflar reformas legislativas indesejadas ou precedentes equivocados.

Por essa razão, escrevi este "guia politicamente incorreto da arbitragem", para pôr o dedo em algumas feridas e discutir questões delicadas, sempre de forma propositiva. Escolhi usar uma linguagem mais coloquial para fugir do legalês pernóstico que infesta a nossa academia e para ser mais claro aos destinatários finais de nosso trabalho.

Iniciarei com análise da convenção de arbitragem (II) e dos árbitros (III), bem como da produção probatória em arbitragem (IV), para depois entrar em uma área específica, qual seja, construção (V), depois abordar as questões dos custos na arbitragem (VI) e responsabilidade do advogado (VII) para, ao final, concluir (VIII).

2. Convenção arbitral

O sucesso de uma arbitragem depende muito de uma cláusula compromissória bem escrita, pois dela advirão decisões cruciais, tais como as regras aplicáveis, a forma de escolha do árbitro e a sede. Por isso, há de se esclarecer alguns mitos.

O primeiro, e provavelmente pior mito é que a boa cláusula compromissória deve ser longa e detalhada. Não! A cláusula será "cheia", ou seja, eficaz, se viabilizar a formação do painel arbitral. Muitas vezes, para tanto, será necessário apenas se referir às regras de uma instituição arbitral. É possível se incluir outros elementos, como sede, lei aplicável, número de árbitros, possibilidade de mediação prévia, dentre outros. Porém, se quem redigir a cláusula compromissória não tiver experiência ou tempo (o que é comum, e por isso ela merece o apelido de "cláusula da meia-noite"), melhor não arriscar e replicar as cláusulas padrão da entidade arbitral selecionada, normalmente concisas, mas que funcionam.

A mediação prévia pode ser um ótimo começo, pois se bem conduzida pode terminar o processo em seu nascedouro, poupando tempo e esforços das partes. Há imenso potencial de sucesso quando se verifica assimetria de informações, ou litígios decorrentes preponderantemente de falta de diálogo ou de problemas de personalidade, ou quando existe a possibilidade de uma solução consensual de mútuo benefício, por exemplo, se o credor dá um desconto ao devedor, mas em contrapartida as partes entabulam novo negócio.

E, mesmo se a mediação não levar a um acordo, pode não ter sido em vão. Ela ao menos ajuda cada parte a entender melhor a posição do outro lado, bem como suas próprias forças e fraquezas. Uma preocupação com uma cláusula de mediação prévia à arbitragem (dita cláusula escalonada) deveria ser permitir que a mediação seja encerrada a qualquer momento, se uma das partes precisar ir ao Poder

Judiciário para uma tutela de urgência, ou se ficar claro que os litigantes não lograrão acordo. Não se mostram incomuns cláusulas escalonadas contemplando negociações por meses e meses; na prática, as partes tendem a desrespeitá-las, pois quem tem problema tem pressa. Por isso recomenda-se prever expressamente a saída a qualquer momento do procedimento de mediação.

Alguns evitam instituições arbitrais e recorrem a arbitragens *ad hoc*, ou seja, não administradas, pensando que economizarão com as custas. Ledo engano! Na minha experiência, os árbitros tendem a cobrar até mais caro nas arbitragens *ad hoc*, pois não estão vinculados às tabelas de honorários das entidades administradoras. E as partes ficam sem o apoio administrativo da câmara, sem contar com o risco de problemas se não houver normas claras sobre quem tomará decisões tais como impugnações de árbitros e nomeação de presidente do painel. Arbitragem *ad hoc* pode ser o "barato" que sai caro.

Outro mito é que arbitragens relativas a contratos envolvendo alto valor devem sempre ter como sede grandes centros no exterior, como Paris, Nova Iorque ou Genebra. O Brasil é considerado mundialmente como uma jurisdição desenvolvida na área arbitral e possuímos um Poder Judiciário pró-arbitragem, com jurisprudência positiva. Se não existir ponto de conexão com o exterior, ou mesmo se houver, mas o possível devedor estiver no País, pode não se justificar sede no exterior, que aumentará custos e retardará eventual execução, vez que a sentença estrangeira precisará ser homologada perante o STJ para só depois ser executada. Além disso, sede em certas jurisdições podem gerar complicações procedimentais, como a tradição de *common law* de *discovery*, que não necessariamente se aplica a arbitragens, mas pode resultar em fase de produção de documentos mais longa e cara.

Com relação à cidade da sede, trata-se de ponto importante, dentre outros motivos, porque determina o juízo estatal auxiliar à arbitragem. Por um lado, deve-se evitar cidades onde procedimento arbitral não seja tão frequente e, portanto, o Poder Judiciário não tenha tanta experiência. Por outro lado, Belo Horizonte, Rio de Janeiro e São Paulo são exemplos de locais cujos judiciários têm compreensão sofisticada da arbitragem. A esse respeito, merece aplauso a recomendação do CNJ de se criar varas especializadas em arbitragem e mediação, atendendo a sugestão da Comissão de Conciliação, Mediação e Arbitragem da OAB Federal.

Não se devem escolher as regras de uma câmara, prevendo que a arbitragem será administrada por outra entidade. Algumas regras, como as da Câmara de Comércio Internacional (CCI), chegam a proibir expressamente essa "colcha de retalhos". Isso porque pode haver incompatibilidade, gerando patologia. De mais a mais, o renome de instituições como a CCI decorre não só de suas regras, como também de outros aspectos, como excelente corpo técnico e infraestrutura de alto nível, com relação aos quais as entidades brasileiras têm evoluído significativamente nos últimos anos.

Deve-se tomar cuidado para não se estabelecer prazo muito curto para a arbitragem, pois o eventual litígio, dependendo de sua complexidade, pode demandar mais tempo do que o previsto para ser resolvido. E, uma vez fixado o prazo para a prolação da sentença, ele deve ser seguido, salvo se as regras permitirem prorrogação. O desrespeito ao prazo implica possibilidade de anulação de sentença.

Mais uma visão equivocada está na suposta confidencialidade obrigatória do procedimento arbitral. A arbitragem é procedimento privado, ao contrário do processo judicial, do qual a princípio qualquer um pode ter acesso. Porém, a lei não estabelece para as partes (mas sim para os árbitros) a confidencialidade, a qual normalmente decorre ou das regras arbitrais ou da convenção. No silêncio, as partes se defrontarão com o debate se existe confidencialidade implícita na arbitragem. Melhor estabelecer claramente a confidencialidade na convenção arbitral, se as partes quiserem assegurar que informações sobre seu litígio poderá ser revelada a terceiros.

Outro ponto controverso consiste na responsabilidade por custos do processo, incluindo honorários de advogados. A meu ver, não existe sucumbência na arbitragem nos moldes do Código de Processo Civil, que prevê porcentagem do valor da causa pago como direito autônomo ao advogado - embora uma corrente minoritária, liderada pelo Professor Ricardo Aprigliano, defenda a incidência do instituto.

A praxe reside no painel arbitral condenar o perdedor a indenizar o vencedor por custos razoáveis com advogados e outros profissionais envolvidos, como assistentes técnicos, proporcionalmente ao resultado da sentença. Há muita subjetividade nesse tipo de decisão pelos árbitros, não apenas quanto ao que seriam honorários razoáveis de advogados, como também no tocante a essa "proporcionalidade do resultado da sentença", quando existem vários pedidos postos e contrapostos, alguns procedentes, outro parcialmente procedentes e ainda outros improcedentes. Por isso, muitas vezes a cláusula compromissória simplesmente veda a indenização por honorários de advogados, ou estabelece teto para eventual condenação.

Quanto à quantidade de julgadores, a tendência via no sentido de se nomear três árbitros. Porém, em causas de menor monta, isso onera muito as partes. Em média, a *grosso modo*, uma arbitragem com árbitro único custa metade de uma com painel de três. Sem contar a tendência a maior agilidade em uma decisão monocrática. Obviamente três cabeças pensam melhor do que uma, mas há de se avaliar o custo-benefício.

Uma cláusula de arbitragem abre várias opções às partes. Com esse bônus, vem um ônus: ela deve ser muito nem pensada, para que a cláusula da meia-noite não dê pesadelos. Em caso de dúvidas, melhor elaborar uma cláusula simples, aplicando regras confiáveis, e delegar a essas regras e aos árbitros a especificação do procedimento.

Por fim, cumpre registrar que, nesses últimos anos que se seguiram à edição da Reforma da Lei de Arbitragem, o aumento de quantidade de procedimentos arbitrais resultou, como efeito colateral, em uma maior sensibilidade para custos - considerando que mais partes com menos recursos financeiros passaram a usar o instituto. Há como se abordar essa questão na cláusula compromissória ou mesmo, posteriormente, em compromisso, pela escolha de instituição arbitral e quantidade de árbitros adequada ao valor de potencial disputa. Casos menores devem ser submetidos a entidades mais baratas e julgadas por árbitro único. Para o bem e para o mal, na arbitragem vale o que está escrito, o que cria responsabilidade para a parte atentar para a letra da convenção arbitral, inclusive do ponto de vista econômico.

3. Árbitros

Diz-se que a arbitragem é tão boa quanto forem bons os árbitros. Há também certo consenso de que uma das vantagens da arbitragem residiria na possibilidade de escolher os julgadores mais apropriados ao caso concreto. Mas, a bem da verdade, a parte não tem tanto controle sobre a definição dos membros do painel arbitral quanto possa parecer, pois não selecionam o árbitro da contraparte, nem eventual presidente (normalmente indicado pelos coárbitros ou pela instituição). Daí pode surgir desconforto sobre a independência, imparcialidade ou mesmo qualificação do árbitro escolhido por outrem, especialmente o coárbitro indicado pela contraparte. O resultado é que o Brasil figura como um dos recordistas mundiais em impugnações de árbitros. Algumas vezes por conta de nossa cultura de litigar por tudo, outras para se ganhar tempo, mas em diversas ocasiões com certa razão. Afinal, o árbitro deve ter a confiança das partes e há casos em que o "pé atrás" se justifica.

Cabe esclarecer, primeiramente, que o árbitro pode ser indicado pela parte, mas não se tornar "árbitro da parte", devendo se manter independente e imparcial. Não existe qualquer dever desse coárbitro com a parte que o indicou, o que se trata de mito infundado. Por óbvio há muitas vezes um jogo de xadrez pela parte na seleção dos árbitros, escolhendo-se alguém que, pelo perfil e/ou produção acadêmica, tenderia a favor da sua posição. Mas nunca se pode ultrapassar a linha da independência e imparcialidade. Até porque, como ensina Jorge Benjor, "se o malandro soubesse como é bom ser honesto, seria por malandragem". O membro claramente parcial em painel de três membros provavelmente não influenciará os demais e se tornará o "árbitro do vinho", que só terá voz na hora de pedir a bebida do jantar.

Uma medida em tentativa de controle da qualidade dos árbitros é a formação de listas pelas instituições arbitrais, sejam fechadas (só dentro das quais se podem indicar membros do painel ou o presidente), sejam abertas (admitindo julgadores de fora). Trata-se de solução insatisfatória, pois incita a politicagem e tende a formar "clubes" de árbitros constantes desse rol, que passam a deter muito poder. Além disso, inibe o surgimento de novos árbitros. Tanta reclamação resultou em proibição na Reforma da Lei de Arbitragem a listas fechadas. Já as listas abertas são um mal muitas vezes necessário, à luz da minha experiência dentro de algumas instituições arbitrais, pois frequentemente partes menos experientes pedem à câmara sugestões de possíveis árbitros, sendo ajudadas pela lista.

Não há uma solução mágica para vacinar os procedimentos contra árbitros que não satisfazem os requisitos de independência, imparcialidade ou disponibilidade. Mas algumas medidas menos radicais podem ser adotadas para mitigar os riscos, tais como:

a) regras mais claras sobre dever de revelação;

b) questionários mais completos das instituições sobre esclarecimentos dos árbitros relativos à independência e imparcialidade;

c) maior rigor pelas entidades nos julgamentos de impugnações de árbitros por falta de independência ou imparcialidade. Afinal, não basta o árbitro ser honesto, ele deve parecer honesto;

d) realização de pesquisas pelas entidades com as partes e seus advogados, de forma anônima, para se obter *feed-back* dos árbitros, inclusive quanto ao tempo que levam para a prolação da sentença, bem como quanto à sua postura de imparcialidade e independência, evitando-se a nomeação pelas entidades de árbitros mal avaliados;

e) consulta prévia às partes, com rol de potenciais nomes, concedendo-lhes direito de veto, sempre que os coárbitros ou a instituição tenha que nomear árbitros; e

f) em situações mais extremas, nas quais não haja muita confiança entre as partes, adoção de modos alternativos de escolha do painel, como (i) lista de árbitros para as partes cortarem nomes e ranquearem os demais, sendo escolhido os mais bem ranqueados; ou (ii) o método "Vetulli", mediante o qual cada parte apresenta uma lista de três candidatos a árbitro e a contraparte seleciona um deles, ficando esses árbitros responsáveis pela escolha do terceiro.

Há quem defenda que a desconfiança sobre independência e imparcialidade de árbitro só acabará quando a instituição passar a nomear todos os membros do painel. Discordo. Sistema com juiz natural já existe, e se chama "Poder Judiciário". Precisamos, na arbitragem, ir na direção oposta e ouvir mais as partes, para conferir maior legitimidade ao procedimento arbitral.

No fim, ouve-se de vez em quando reclamações de árbitros "salomônicos", que parecem quer agradar todas as partes, pensando em futuras nomeações. Acredito que o antídoto para essa postura está na transparência. Quanto mais se publicarem decisões de árbitros (anonimizando apenas as partes), mais se saberá como ele costuma julgar. O árbitro "metamorfose ambulante" com o tempo perderá a credibilidade. A questão não deve ser agradar ou não as partes, mas sim em que medida o árbitro não está julgando de acordo com seu livre convencimento do direito, o que deve ser evitado.

Pode-se argumentar que a divulgação de julgados permitirá que a parte escolha alguém alinhado com sua tese. Pois bem, isso já acontece, entre os grandes escritórios de advocacia, *third-party funders* e empresas usuárias frequentes de arbitragem. A publicidade apenas eliminará a assimetria de informações.

4. Provas

A arbitragem confere flexibilidade quanto aos meios e à forma de produção probatória, fugindo das amarras do Código de Processo Civil e permitindo, em tese, que ela seja mais profunda e eficiente do que no processo judicial. Mas essa liberdade gera o desafio para os árbitros e as partes: como sair do "piloto automático" e produzir provas da maneira possível para aquele caso específico? Para tanto, há de se analisar as práticas usuais na arbitragem.

Prova testemunhal: enquanto ela é chamada de "prostituta das provas" no processo judicial, na arbitragem a oitiva de testemunhas representa o ápice do procedimento. Nem tanto ao céu, nem tanto ao mar, pois os depoimentos devem ser avaliados com um grão de sal. Na arbitragem não vigora o sistema do Código de Processo Civil que distingue testemunhas dos meros informantes e quase todos os depoentes em disputas empresariais têm alguma relação com as partes, a favor ou contra. Embora exista a obrigação de falar a verdade, cada pessoa conta a história sob o seu ponto de vista. Ainda mais os representantes legais, que não estão sujeitos ao crime de perjúrio. Assim, quase todos os depoimentos merecem ser relativizados e formam mosaico imperfeito. Ainda mais se se considerar o quão falha é a memória humana, o que os estudos mais modernos de neurologia vêm confirmando.

Permite-se na arbitragem a inquirição direta, um avanço *vis-à-vis* o sistema do Código de Processo Civil de 1973 de "juiz papagaio" da pergunta dos advogados das partes, tanto que o Código de Processo Civil de 2015 abraçou o método mais moderno. Isso não significa, contudo, que o advogado deva se comportar em audiência como se estivessem em filme de tribunal. Há que se tratar a testemunha com urbanidade e os árbitros devem coibir agressividade, perguntas capciosas e "pegadinhas". Afinal, a inquirição direta não pode virar um concurso de qual testemunha fala melhor ou se mostra mais bem preparada. E muito depoente acaba se expressando mal, por nervosismo ou falta de oratória, o que não pode atrapalhar a busca pela verdade.

De qualquer forma, há uma mudança de paradigma e os advogados devem procurar treinamentos para inquirição, especialmente a *cross examination*, de forma a estar em igualdade de armas com profissionais mais experientes na ferramenta.

Para tornar mais eficiente a prova testemunhal em arbitragem, recomenda-se as seguintes iniciativas:

(i) que as partes apresentem, sempre que possível, declarações escritas das testemunhas antes da audiência, e que a contrainquirição baseie-se no que se afirmou em tais declarações;

(ii) que os árbitros limitem o tempo de oitiva de testemunhas e tenham coragem de denegar oitiva de depoentes sobre assuntos repetitivos ou temas inúteis para resolução da lide, de sorte a evitar a "maratona" de dias e dias de audiência; e, por último, mas não menos importante;

(iii) que os árbitros esclareçam com precisão quais os temas que devem ser provados e como os depoimentos podem elucidá-los. Há de se evitar em audiências o paradoxo de Alice no País das Maravilhas: "Quando não se sabe onde se quer ir, qualquer caminho serve". Isso tudo tendo em mente que inquirição não pode ser tratado com um *reality show* da testemunha que conta história melhor e que resiste mais ao *cross examination.*

Prova pericial: existem dois métodos mais frequentes, (i) a nomeação de perito do juízo, com possibilidade de quesitação e indicação de assistentes técnicos pelas partes, ou (ii) o uso de testemunhas técnicas, para atuação como *experts,* sem que haja perito oficial.

Como na arbitragem o julgador tende a deter mais conhecimento da questão técnica, o método da testemunha técnica pode funcionar bem, economizando o tempo e o custo da perícia. Mas, para tanto, os árbitros devem ter postura ativa, definindo bem o escopo da prova pericial e antecipando suas dúvidas técnicas. Quantas vezes não se vê testemunhas técnicas com conclusões totalmente antagônicas, no fundo inúteis para o deslinde da controvérsia, porque cada uma adotou escopo e premissas distintas e os árbitros se omitiram, o que acaba redundando em segunda perícia, dessa vez do juízo? É imprescindível, ademais que todas as partes tenham acesso aos documentos necessários à produção de prova pericial.

Prova documental: também não está restrita às regras do Código de Processo Civil. Deve-se, contudo, impor normas, para se coibir, por exemplo, que uma parte junte documento relevante na véspera da audiência. Vê-se muito em arbitragem as chamadas *fishing expeditions*: o autor propõe ação sem certeza de seu direito e pede do réu provas que nem sabe se existem. Isso não pode ser admitido. Tampouco podemos copiar o processo civil norte-americano naquilo que ele tem de pior, o amplo *discovery*, procedimento caro e demorado, para o qual as partes brasileiras não estão preparadas.

Em suma, temo que se esteja criando "usos e costumes" sobre produção de provas na arbitragem, que os árbitros adotam sem perquirir qual o método mais adequado para aquele litígio específico. Arbitragem é artesanato, não procedimento "de prateleira". Além disso, os árbitros devem fixar o quanto antes quais são os pontos controvertidos, para se evitar provas irrelevantes. Por fim, mas não menos importante, os árbitros devem atentar para a questão do ônus da prova. Muitas vezes os árbitros ignoram o *onus probandi* e pedem de ofício provas que deveriam ter sido produzidas pelas partes, o que piora se ocorrer em estágio avançado do processo. O objetivo da arbitragem deve ser o máximo de eficiência, o que passa necessariamente pelos árbitros respeitarem o ônus da prova e determinarem prontamente quem deve comprovar o quê e quando.

Cabe aqui um último comentário, sobre o "*due process paranoia*", ou seja, a tendência do árbitro de deferir qualquer prova, mesmo que inútil, com medo de anulatória. Como diria um famoso treinador, "o medo de perder não pode tirar a vontade de ganhar". A paranoia é uma doença, que não pode pautar a conduta do árbitro, o qual deve ser, antes de tudo, um forte, com coragem de negar prova inútil.

5. Construção

Uma das áreas em que mais se utiliza arbitragem é o setor de infraestrutura, especialmente grandes construções. O foro arbitral mostra-se, em regra, muito mais adequado do que a via judicial para esses litígios. As disputas de construção estão muito focadas em questões técnicas, especialmente de engenharia. No Poder Judiciário, essas questões acabam sendo delegadas ao perito e aos assistentes técnicos; na arbitragem, os julgadores costumam entender também dessas matérias, sejam eles advogados experientes na área ou mesmo engenheiros.

Outra vantagem reside na ampla discussão de fato subjacente a essas lides. Na arbitragem o julgador tem mais disponibilidade para ler a imensidão de documentos produzidos e ouvir com o devido tempo as testemunhas. Não que arbitragens de construção sejam simples e rápidas, pelo contrário. Mas falta alternativa adequada no foro estatal. Qual o juiz, por mais competentes que seja, teria tempo para analisar detidamente tanta informação técnica e de fato quanto as que surgem em grandes arbitragens de construção?

Deve-se analisar os motivos da complexidade da arbitragem de construção. Seja a obra de grande hidrelétrica, seja a reforma do banheiro de sua casa, litígios de construção tendem a envolver pelo menos três temas: atrasos, custos extras e mudanças de escopo.

Ocorre que o exame desses temas algum tempo depois dos fatos torna a tarefa trabalhosa, pois demanda descobrir de quase tudo o que aconteceu no projeto. E não bastam volumosos diários de obra, correspondências e notificação, pois muitos fatos não ficam devidamente registrados por escrito, ensejando prova testemunhal, naturalmente limitada pelos interesses e pela memória de quem depõe. Sem contar as informações que simplesmente se perdem. Os árbitros viram os verdadeiros "engenheiros de obra pronta", trabalhando para reconstruir fatos pretéritos. O remédio passaria, assim, por mecanismos para se consignar contemporaneamente o andamento da obra e as causas para eventuais descolamentos entre o previsto e o realizado.

Identifico duas medidas essenciais para esse propósito. A primeira seria dotar as empreiteiras e as donas da obra de times treinados de *project management* e de controle de pleitos. As grandes construtoras e as maiores empresas brasileiras já os possuem, mas seria importante estender essa prática à maior quantidade possível de *players* de mercado de infraestrutura. Em arbitragem de obra, quem documenta melhor sua posição antes do litígio sai com larga vantagem. Não adianta ter razão, se não se consegue provar.

A segunda seria adotar para todos os contratos de médio e grande porte os comitês permanentes de resolução de conflitos, conhecidos internacionalmente como *dispute boards*. Esses comitês são formados por profissionais independentes que supervisionam a obra do início ao final, recebendo cópia das principais correspondências, fazendo reuniões periódicas com as partes e realizando vistorias de tempos em tempos. Quando surgem litígios, o comitê pode emitir recomendações e, dependendo de sua natureza, até tomar decisões, dentro de prazos curtos, tais como 30 dias, decisões essas precárias, sujeitas a eventual pedido de reapreciação por tribunal arbitral ou pelo Poder Judiciário.

A grande vantagem dos *dispute boards* consiste em se ter um foro permanente para analisar pleitos. Isso força as partes a apresentar suas demandas assim que eles surgem, as incitam a documentar suas posições contemporaneamente aos fatos e permite que se tenha "fotografias" do andamento da obra e de eventuais desvios. Os *dispute boards* não são oráculos infalíveis; podem servir, contudo, como fontes valiosas de orientação. E suas decisões muitas vezes darão fim ao litígio, notadamente em matérias menores, nas quais não vale o custo-benefício de um contencioso robusto.

Cabe, ainda, a reflexão se não haveria uma questão cultural de não se deflagrar o litígio enquanto a obra estiver em curso, para não atrapalhar os trabalhos e não tirar o foco do projeto. A isso se soma o mito de que todo o contrato de obra acaba em aditivo, fruto de uma tradição brasileira de inflação alta e projetos básicos mal elaborados. Acontece que, atualmente, os donos da obra estão mais reticentes em aceitar automaticamente tais aditivos. E mais dia menos dia, chega o acerto de contas, quase sempre no final, com diversos pleitos e muitas vezes com lacunas na documentação e no histórico.

Temos que mudar essa atitude e fomentar métodos para dirimir os conflitos tão logo eles apareçam, tais como os *dispute boards* ou mesmo a mediação, pois problema não resolvido prontamente tende a crescer de forma exponencial. Conflitos são praticamente inevitáveis em projetos de infraestrutura. As partes devem ter maturidade para encarar esse fato e enfrentar suas divergências do modo mais eficiente possível.

6. A arbitragem é o caro que fica barato?

Não poderia excluir de um artigo "politicamente incorreto" um tema tabu na arbitragem: os seus custos.

O custo absoluto inicial da arbitragem é muito maior do que o do processo judicial, que se beneficia de subsídio estatal. Vale dizer, as custas judiciais são maiores do que as custas das entidades arbitrais e os honorários dos árbitros. Mas esse tipo de raciocínio é simplista, por diversos motivos.

A uma, porque se deve focar mais no custo relativo do que no absoluto. Como a arbitragem mostra-se mais rápida do que o processo judicial, a diferença do custo do dinheiro no tempo compensa financeiramente o investimento maior em um primeiro momento. Historicamente, os juros moratórios aplicáveis aos processos são inferiores ao custo de captação de recursos no mercado, ou seja, se o credor precisar do valor objeto da arbitragem para outro fim terá prejuízo. Some-se a isso a possibilidade de perdas de boas oportunidades de investimentos.

A duas, o custo final do processo judicial poderá ser mais alto do que a arbitragem, considerando a sucumbência, especialmente no novo Código de Processo Civil, que restringiu a margem de manobra para o Poder Judiciário reduzir o montante dessa verba quando o valor da causa é elevado. Na arbitragem, a princípio, não é devido sucumbência ao advogado - apesar do posicionamento minoritário de alguns autores.

Por outro lado, mostra-se comum ressarcimento da parte vencedora pelo custo razoável com honorários advocatícios – o que não se confunde com a verba sucumbencial do Código de Processo Civil, de natureza autônoma e devida diretamente ao advogado. Grandes litígios judiciais tenderão a dar azo a grandes sucumbências, por força da lei processual, ao passo que na arbitragem as partes poderão fixar honorários advocatícios em outras bases, o que poderá ocasionar custo menor com advogados da parte ganhadora.

Nada obstante, urge-se que as partes, os árbitros e as entidades administradores atentem para a questão do custo da arbitragem. As grandes instituições internacionais e domésticas implementaram regras de arbitragem expedita, segundo a qual causas de menor monta são resolvidas por árbitro único com custas bem reduzidas e em prazo de poucos meses. Esse parece-me ser o caminho mais adequado: procedimentos muito mais simples e muito mais baratos, para as causas de menor monta.

7. Seria o advogado o culpado?

Antes de finalizar, cabe um pouco de *mea culpa*: haveria responsabilidade dos advogados em todas essas mazelas relativas à arbitragem? Ou será que o inferno são os outros e os advogados desempenham o papel de mera vítima das falhas no sistema?

Entendo que os advogados têm sim sua parcela de culpa nas patologias da arbitragem, em dois aspectos: no uso excessivo de "táticas de guerrilha" e na verborragia nas manifestações.

Com relação às "táticas de guerrilha", não sejamos hipócritas: em um procedimento sem direito a recurso, é de certa forma natural que os advogados dos requeridos tentem em certas situações plantar nulidades no processo, de forma a ter alguma tentativa de reverter judicialmente eventual sentença desfavorável. Cumpre aos membros do painel arbitral coibirem essa prática e serem firmes, de modo a evitarem que as "guerrilhas" tumultuem o andamento do feito. Os árbitros devem ser destemidos, de sorte a indeferirem provas e manifestações meramente protelatórias. E as instituições devem ter coragem para, por exemplo, rechaçar impugnações de árbitros descabidos.

Menos atenção tem recebido um vício herdado pelos advogados do processo judicial, qual seja, a verborragia. É paradoxal que, em um país com mais de 80 milhões de processos, nossos advogados escrevam tanto, fenômeno que provavelmente só cientistas socais e, quiçá, psiquiatras possam explicar. Parece que os advogados não escrevem para o julgador, que possui pouco tempo para decidir, mas sim para impressionar o cliente leigo e talvez o seu próprio ego, aproveitando as facilidades tecnológicas que permitem o "recorta e cola" de trabalhos anteriores.

É mais trabalhoso elaborar manifestações sucintas, pois elas requerem melhor entendimento da demanda e identificação mais precisa das questões de fato e de direito. Mas exatamente por isso as petições curtas têm mais efetividade do que as longas.

A arbitragem tem reinventado o contencioso de alto nível, tornando o processo mais informal, flexível e eficiente. Essa mudança deve atingir também a forma de se elaborar manifestações. A começar pela forma parnasiana que os advogados forenses muitas vezes redigem, que deveria ser relegada ao arquivo morto. Passa por uma boa dose de redução do nível de litigiosidade nas petições, o que pode se justificar no Poder Judiciário, para chamar atenção de julgador soterrado em outros processos, que, contudo, não faz sentido em procedimento como arbitragem. E deve alcançar o tamanho das peças processuais, pois isso contribuirá para que as arbitragens sejam mais rápidas. Afinal, como esperar que o árbitro decida em poucos meses, se ele tiver quer analisar centenas ou milhares de páginas de petições?

O tamanho da petição não é o que mais importa, mas sim a sua profundidade. Tanto assim que tribunais como a Suprema corte norte-americana impõe limite de páginas para recursos. Essa medida poderia ser transplantada para as arbitragens, de modo a quebrar o ciclo vicioso das petições intermináveis.

8. Menos "processualismo" e mais *Project Management*

Em conclusão, lanço um repto, que sintetiza meu diagnóstico sobre o estado atual da arbitragem no Brasil. Precisamos de menos "processualismo" e mais *project management*. Em outras palavras, os árbitros e advogados devem "pensar fora da caixa" e buscar nas técnicas mais avançadas de administração de projetos as ferramentas para organizar procedimentos arbitrais. Isso porque, se ficarmos na zona de conforto e tratarmos todos os processos da mesma forma, ignorando as especificidades, o aumento em progressão geométrica da quantidade de disputas submetidas a arbitragem pode levar a uma sobrecarga do instituto.

Pode-se ressaltar, inicialmente, dois princípios de *project management* devem ser ressaltados: a tentativa de eliminar atividades repetitivas e a necessidade de cronogramas detalhados.

Há ainda outras medidas que seriam salutares ao processo da arbitragem, tais como:

a) atenção dos árbitros para não complicarem desnecessariamente as arbitragens, aumentando seus custos. Por exemplo, se há alegação de decadência ou prescrição, esta deve ser julgada antes de perícia sobre o *quantum* da demanda. Outro exemplo são as audiências que se estendem por vários dias, quando poderiam ser muito mais curtas, se os árbitros especificassem mais precisamente os pontos mais relevantes a serem comprovados;

b) preparação de mais profissionais para servirem como árbitros, especialmente aqueles com especialização em áreas específicas. Cumpre aos advogados das partes e às câmaras ampliarem esse rol, indicando novos nomes para casos menores, de sorte a formar uma nova geração e suprir a demanda futura. Essa medida serviria não só para mitigar a sensação de que existe um "Country Club" de árbitros, como também melhoraria a qualidade das decisões, pois profissionais especializados tendem a decidir melhor;

c) maior transparência, como publicação de sentenças sem identificar as partes, mas informando a posição dos árbitros; e

d) regras mais claras sobre dever de revelação do árbitro, para que a parte possa tomar decisão informada de impugná-lo ou não.

Todas as medidas poderiam ser adotadas imediatamente e prescindiriam de qualquer modificação legislativa. Pelo contrário, tenho minhas dúvidas que o legislador, atuando como um *Deus ex machina*, conseguiria encontrar soluções melhores do que as próprias partes, árbitros, instituições e advogados, os quais detêm maior conhecimento prático.

Deve-se fazer a pergunta: o que querem os usuários da arbitragem? A resposta que ouço é no sentido de processos mais rápidos, mais baratos e com árbitros especializados, dedicados ao caso desde o início. Já se escreveram rios de tinta sobre questões teóricas de arbitragem no Brasil, mas poucos se debruçaram sobre esse tema. Acredito que a solução passa por uma postura mais pragmática e pela adoção de técnicas de *project management*, tais como as aqui descritas.

III. VISÃO PRÁTICA DA CLÁUSULA ARBITRAL

1. Cláusula compromissória: a cláusula da meia-noite.

A arbitragem é uma "criatura do contrato"[112]. Não apenas porque as partes precisam consentir com a jurisdição arbitral para estarem a ela vinculadas, em vista do princípio constitucional do livre acesso ao Poder Judiciário[113], como também pelo fato de a convenção definir as linhas mestras do procedimento. Em outras palavras, no direito brasileiro a arbitragem sempre se origina de um contrato, embora possua natureza jurisdicional[114] Portanto, a convenção arbitral é o momento de tomada de decisões cruciais para o futuro da arbitragem[115].

---

112 A expressão tem origem em jurisprudência norte-americana, como em United Steelworkers of America v. American Manufacturing Co., 363 U.S. 564 (1960).

113 Art. 5o, XXXV, da Constituição Federal de 1988.

114 A maioria da doutrina reconhece a natureza jurisdicional da arbitragem. Confira-se, nesse sentido, CARMONA, Carlos Alberto. **Arbitragem e Processo**. São Paulo: Atlas, 2009. p. 26-27. De qualquer forma, o art. 18 da Lei 9.907/1996 equipa o árbitro ao juiz e a sentença arbitral à sentença judicial.

115 Há dois tipos de convenção arbitral. A cláusula compromissória, também conhecida como cláusula arbitral, é a convenção através da qual as partes em um contrato comprometem-se a submeter à arbitragem os litígios que possam vir a surgir, relativamente a tal contrato. Já o compromisso é a convenção através da qual as partes submetem um litígio à arbitragem de uma ou mais pessoas. Como este é um livro prático e o compromisso mostra-se pouco frequente, a discussão

125

Só que, na prática, a convenção arbitral é conhecida como cláusula da meia-noite. As partes cuidadosamente negociam o contrato, os advogados repassam os termos e condições na minúcia, mas com frequência a cláusula arbitral fica por último, frequentemente não merecendo a devida a atenção.

Esse fenômeno se deve a diversos motivos tais como:

Cultura: a partes estão acostumadas a foro judicial, em que esse dispositivo tem menos relevância.

"Topografia contratual": cláusulas arbitrais quase sempre constam do final, junto com dispositivos padrão (os "boilerplates").

Interesse e experiência: os advogados que negociam contratos nem sempre serão os mesmo que se envolverão nos litígios.

---

aqui se limitará à cláusula arbitral.

Na verdade, a cláusula arbitral corresponde a um dos dispositivos mais relevantes de um contrato. De nada importa o direito material, caso não se disponibilize às partes os meios processuais adequados para os efetivar. Um contrato com cláusula de foro defeituosa não passa de mero pedaço de papel ou arquivo de computador, verdadeiro leão sem dentes.

A redação da cláusula compromissória não é algo tão complicado, desde que se tenha em mente os elementos que dela deva constar. Este artigo pretende transmitir, com uma visão prática, as principais preocupações para uma cláusula arbitral eficiente (2), inclusive para as mais complexas (3), finalizando com um *check-list* sobre o que seria o bom, o ótimo e o arriscado na elaboração de cláusula compromissória(4).

2. Precauções para uma cláusula arbitral eficiente

Antes de mais nada, cabe desmentir o um mito de que a boa cláusula arbitral deve ser longa e detalhada. A cláusula será "cheia", ou seja, eficaz, se viabilizar a formação do painel arbitral.

Muitas vezes, para tanto, será necessário apenas se referir às regras de uma instituição arbitral, desde que elas apontem a solução para completar as lacunas. Por exemplo, muitas regras permitem que a instituição defina o local da arbitragem, no silêncio da cláusula compromissória[116]. Obviamente, não se está recomendando aqui que a cláusula arbitral seja minimalista e só se refira às regras aplicáveis. Porém, se quem redigir a cláusula compromissória não tiver experiência ou tempo (o que é comum, e por isso o apelido de "cláusula da meia-noite"), melhor não arriscar e replicar as cláusulas padrão da entidade arbitral selecionada, concisas, mas que funcionam.

---

116 Artigo 18 (1) do Regulamento de Arbitragem da CCI (2021).

Em primeiro lugar, deve-se avaliar se realmente a arbitragem é a melhor opção, ou se o Poder Judiciário seria o foro mais adequado (1). Se a escolha for mesmo pela via arbitral, há de se ter sempre em mente que uma boa cláusula se fundamenta em três pilares: expressão clara de escolha da arbitragem como meio de solução de litígios (2); escolha de regras e instituição administradora independente, capaz e com custo compatível (3); e determinação de local de prolação da sentença (4). Pode conter outros elementos, como lei aplicável (5), mediação prévia (6), número de árbitros (7), prazo para prolação de sentença (8), arbitragem expedita (9), árbitro de emergência (10) e responsabilidade por custas e despesas (11).

2.1. Poder Judiciário ou arbitragem?

A arbitragem possui diversas vantagens com relação ao Poder Judiciário para resolver questões contratuais, dentre as quais se destacam:

Especialidade: os juízes detêm grande cultura jurídica geral, mas podem não dominar a regulação específica da sua atividade econômica, ou mesmos os usos e costumes aplicáveis. Menos provável ainda que eles conheçam os aspectos econômicos de um negócio complexo. A arbitragem permite a seleção de árbitros dentro do setor privado, que possam ser especialistas na sua indústria e/ou na matéria específica do litígio. Quanto mais especializado o julgador, maior a probabilidade de uma decisão de alta qualidade.

Possibilidade de nomeação de árbitros: no Poder Judiciário a distribuição de processos segue o Código de Processo Civil e as normas de organização judiciária aplicáveis. Ou seja, as partes não selecionam o juiz[117]. Na arbitragem existe a possibilidade de escolha, notadamente em painel de três árbitros, nos quais usualmente casa lado indica um nome.

---

117 Não se questiona aqui a validade de cláusula de eleição de foro em determinadas circunstâncias. Contudo, a parte não escolhe diretamente o juiz pessoa física.

Dessa forma, pelo menos um dos julgadores em tese seria de confiança de cada parte - embora, diga-se e repita-se, o árbitro indicado pela parte deve ser independente e imparcial tal como os demais.

Flexibilidade: o Poder Judiciário é como uma roupa tamanho único, pois o procedimento está previamente fixado no Código de Processo Civil (CPC). Já na arbitragem as partes atuam como alfaiates, tendo liberdade de tecer o procedimento. As normas de natureza procedimental do CPC não se aplicam à arbitragem e as partes podem estabelecer o procedimento como quiserem, de modo a melhor se adequar ao problema específico, desde que respeitem os princípios do contraditório, da ampla defesa, da independência e imparcialidade dos árbitros, do tratamento igualitário das partes e do livre convencimento do julgador[118]. Contudo, essa liberdade traz consigo uma responsabilidade

---

118 Art. 21, parágrafo segundo, da Lei 9.607/1996.

de as partes imaginarem procedimento eficiente e exequível.

Celeridade: uma arbitragem dura em média entre 14 a 33 meses em procedimentos nacionais[119], ao passo que um processo judicial pode demorar muito mais. Se as partes escolherem procedimento expedito, a arbitragem pode ser ainda mais rápida.

Privacidade: a arbitragem não é obrigatoriamente confidencial, ao contrário do que muitos imaginam, mas as partes podem prever na cláusula arbitral e/ou no contrato, ou mesmos as regras arbitrais aplicáveis podem determinar que o procedimento correrá em confidencialidade. A exceção é quando do litígio participar a administração pública, hipótese na qual não poderá ser sigiloso[120]. De qualquer forma, a arbitragem representa processo privado, na qual os autos a princípio

---

119 Confira-se "Anuário de Arbitragem 2017", CESA, org. GRION, Renato e CARVALHO, Eliana, em http://www.cesa.org.br/media/files/CESAAnuariodaArbitragem2017.pdf, acesso em 20.07.2020.
120 Art. 1o , parágrafo primeiro, da Lei 9.607/1996.

não estão disponíveis a qualquer um, como acontece no processo judicial. Por conseguinte, a arbitragem se adequa muito bem a controvérsias que envolvam informações sensíveis, como *know-how* ou segredos comerciais.

Dito isso, nem sempre a arbitragem mostra-se mais adequada do que o Poder Judiciário. Por exemplo, se existem dúvidas sobre a possibilidade de uma determinada matéria ser resolvida por arbitragem (o que se chama de "arbitrabilidade"), talvez não seja o caso de selecionar essa via. Isso porque se corre o risco de uma batalha judicial sobre a validade da sentença arbitral. Vale dizer, as partes fugiriam do Poder Judiciário mas ao final voltarem às cortes estatais para discutir a validade da sentença arbitral, sem certeza da vitória, o que seria o pior dos mundos.

Além disso, a arbitragem costuma ser mais cara do que o Poder Judiciário. Em determinadas circunstâncias, quando o valor discutido for baixo, a sua razão custo-benefício pode não valer a pena. Esse problema pode ser mitigado, contudo, se tomadas certas precauções, como nomeação de árbitro único e escolha de arbitragem expedita, a serem analisadas a seguir.

2.2   Escolha clara do foro arbitral

A escolha por arbitragem deve ser clara. Pelo princípio do livre acesso ao Poder Judiciário[121], a escolha da arbitragem deve ser expressa. Isso pode parecer basilar, mas já houve discussões judiciais em situações nas quais a redação da cláusula era dúbia (eg, a parte "pode" submeter o litígio à arbitragem). Recomenda-se, assim, redação contundente no sentido de as disputas deverão ser resolvidas na via arbitral.

Em negócios internacionais mostra-se comum o uso de termo bem amplo ("*all disputes arising out of or in connection with the present contract*"), para incluir não só questões diretamente contratuais, mas também matérias de direito indiretamente relacionadas ao contrato. Busca-se, assim, o escopo mais amplo possível da cláusula compromissória.

---

121 Art. 5o, XXXV, da Constituição Federal de 1988.

Pode-se, em teoria, cogitar o fracionamento da cláusula arbitral, para se aplicar apenas a determinadas questões contratuais (como, por ilustração, em um acordo de acionistas, ao direito de retirada, mas não ao direito de preferência na compra de ações). Na prática, porém, isso raramente funciona a contento. Surgido o litígio, ao tentar qualificar determinadas questões, um advogado astuto pode identificar muitos tons de cinza naquilo que as partes pensaram, originalmente, que seria preto ou branco, gerando incidente processual para verificar a jurisdição aplicável. Melhor não arriscar. A meu ver, o único fracionamento que pode ser considerado refere-se ao valor do litígio, submetendo-se à arbitragem apenas conflitos envolvendo quantias superiores a determinado patamar, em que valesse o custo-benefício. Ainda assim, essa estratégia pode dar azo a chicanas, se uma parte subdimensionar ou inflar o valor real da causa para selecionar a jurisdição.

Algumas vezes as partes, por descuido ou ignorância, inserem no contrato tanto cláusula de foro judicial, quanto cláusula compromissória. A jurisprudência tem entendido que, nesses casos, prevaleceria a escolha da arbitragem 122. O foro judicial se aplicaria apenas para as questões que não apropriadas para arbitragem, tais como execução de obrigação líquida e certa, se o contrato constituir título executivo extrajudicial.

2.3   Regras, tipo de arbitragem e instituição administradora

2.3.1   Arbitragens *ad hoc* e administradas

Há dois tipos de arbitragem: (i) administrada ou institucional, em que uma instituição administra o procedimento; e, (ii) *ad hoc* ou avulsa, na qual inexiste entidade administradora.

A prática no Brasil favorece a arbitragem administrada, devido às funções relevantes da instituição administradora. A entidade não só serve como um "cartório", como também exerce funções

---

122 TJSP, 14ª Câmara de Direito Privado, Ap. 0090526-67.2010.8.26.0000, Rel. Des. Melo Colombi, j. em 12.05.2010.

como (i) fazer a análise inicial de jurisdição e competência; (ii) decidir questões prévias à constituição do painel arbitral, como consolidação de procedimentos conexos, integração de partes adicionais e impugnação de árbitros; e (iii) nomear e/ou confirmar árbitros.

Esclareça-se, contudo, que entidade administradora não julga o mérito da causa. A função jurisdicional é privativa dos árbitros. As atribuições decisórias da entidade administradora são de natureza procedimental e estão concentradas principalmente na fase anterior à investidura dos árbitros e instituição formal da arbitragem. Depois de empossado o tribunal arbitral, a principal função decisória da instituição arbitral é justamente a análise de impugnação superveniente de árbitros.

Na arbitragem *ad hoc*, em vista da ausência de entidade administradora, as regras aplicáveis (normalmente as regras de arbitragem da UNCITRAL) deverão prever qual órgão tomará, se necessário, decisões procedimentais como consolidação de procedimentos conexos, integração de partes adicionais, nomeação e impugnação de árbitros. Nesse aspecto, as arbitragens administradas costumam ser mais eficientes, se surgirem questões procedimentais complexas, pelo fato de a instituição automaticamente tratar do assunto.

Alguns preferem arbitragem *ad hoc* pensando serem mais baratas. Economizam-se as custas da entidade administradora, porém esse escolha pode implicar em outras despesas, como a nomeação de secretário para ajudar na função administrativa. Isso sem contar o fato de os árbitros normalmente solicitam honorários elevados, diante do trabalho adicional.

Em suma, não se recomenda arbitragem *ad hoc*, salvo se as partes estivem agindo de boa-fé, forem experientes em arbitragem e o risco de questões procedimentais complexas ser baixo.

2.3.2 Escolha da instituição e das regras (em caso de arbitragem institucional)

Sobre a escolha de entidade administradora (se a arbitragem for institucional), cabe alertar, primeiramente, para um equívoco recorrente: tentar misturar as regras de uma câmara com a administração por outra - por exemplo, regras de arbitragem da CCI administradas pelo CBMA, supostamente para diminuir custo. Tudo o que se faz com isso é criar confusão, pois muitas instituições, como a própria CCI, sustentam que as suas regras não podem ser usadas por outras entidades. Há o risco, portanto, de essa combinação ser considerada patológica, maculando a própria cláusula arbitral. Para evitar problema, escolha das regras de uma instituição deve resultar na escolha daquela mesma entidade para administrar a arbitragem.

Outra cautela é não escolher entidade arbitral desconhecida. Se a parte nunca ouviu falar, ou não tem referência clara sobre a qualidade dos serviços prestados, não deve hesitar em bater o pé contra a instituição. Na arbitragem, vale o que está escrito. Se a escolha recair sobre entidade inadequada, a parte deverá conviver com a escolha errada durante toda a arbitragem, talvez com consequências graves.

Uma precaução essencial refere-se à análise de custo-benefício: deve-se selecionar entidade arbitral com honorários administrativos e de árbitros compatíveis com o possível valor em disputa. Por um lado, causas grandes e complicadas comportam entidades sofisticadas, como a Corte Internacional de Arbitragem da CCI. Por outro lado, demandas menores, especialmente se tiverem menor complexidade, podem ser resolvidas por câmaras locais, mais baratas. Leiam a tabela de custas e honorários, que se encontram nos respectivos *websites*, antes de eleger uma instituição.

Feitas essas considerações, dentre o rol de entidades arbitrais qualificadas, idôneas e com custas compatíveis com o valor da causa, a definição da entidade arbitral acaba, na prática, sendo feita com base em fatores como reputação e preferência pessoal das partes e seus advogados. Na minha experiência, a escolha tende a incidir sobre a entidade arbitral que as partes conhecem e consideram eficientes.

2.4   Local da arbitragem

A questão do local da arbitragem tem duas dimensões, uma internacional (qual o país do local da arbitragem) e outra nacional (qual a cidade).

2.4.1 País da arbitragem.

Ao contrário do que ocorre em alguns outros ordenamentos jurídicos123, a Lei de Arbitragem não distingue entre arbitragens domésticas e internacionais, com fins de estabelecer regras distintas. A lei brasileira restringe-se a diferenciar a nacionalidade da sentença arbitral, que poderá ser doméstica ou estrangeira, dependendo do local de prolação124. Grosso modo, sentença arbitral doméstica é aquela proferida no Brasil e estrangeira a proferida no exterior125.

Da nacionalidade da sentença arbitral decorrem consequências práticas relevantes, dentre as quais se destacam:

Natureza: a sentença arbitral doméstica equipara-se a uma sentença judicial brasileira transitada em julgado, ao passo que uma

---

123 Confira-se, por exemplo, a Lei francesa (Decreto 2011-48, de 13.01.2011, arts. 1.442-1.508).
124 Art. 34, parágrafo único, da Lei 9.307/1996.
125 Nesse sentido, *vide* STJ, REsp 1231554/RJ, Relª. Minª. Nancy Andrighi, j. em 24.05.2011.

sentença arbitral estrangeira corresponde a uma sentença judicial estrangeira.

Execução: execução de sentenças arbitrais estrangeiras está condicionada ao seu prévio reconhecimento pelo Superior Tribunal de Justiça. Já as sentenças domésticas podem ser objeto de cumprimento direto perante o Poder Judiciário de primeira instância, tal qual uma sentença judicial brasileira.

Controle judicial: as sentenças arbitrais estrangeiras podem ter seu conhecimento denegado nas hipóteses previstas na Convenção de Nova Iorque. Já as sentenças arbitrais domésticas são exequíveis desde sua prolação, podendo, contudo, ser anuladas, nos casos contemplados no art. 32 da Lei de Arbitragem, ou ser objeto de impugnação de sentença.

Lex arbitri: em regra, o local da arbitragem determina a lei de arbitragem aplicável (lex arbitri).

Foro judicial auxiliar: em geral o local da arbitragem define o Poder Judiciário nacional competente para conhecer e decidir sobre questões incidentais conexas à arbitragem (por exemplo, condução coercitiva de testemunhas) e sobre a anulação da sentença arbitral.

A arbitragem passa uma imagem de contencioso internacional, em que jurisdições como França, Suíça, Inglaterra e Estados Unidos são sempre melhores do que o Brasil. Nem sempre isso corresponde à verdade. A jurisprudência brasileira, especialmente do STJ, mostra-se favorável à arbitragem. Além disso, o custo de arbitragem no exterior tende a ser maior do que no Brasil. E, se o devedor estiver no Brasil, estabelecer aqui o local facilita a execução da sentença arbitral, pois se evita o processo de reconhecimento. No frigir dos ovos, há de se pensar muito ao se colocar o local da arbitragem no exterior, se as partes estiverem todas localizadas no Brasil.

Por fim, cumpre alertar que, quando se avaliar a escolha como local da arbitragem de país sem reconhecida tradição em arbitragem, há de se verificar se ele cumpre com certas condições indispensáveis, tais como (i) ter jurisprudência favorável à arbitragem; (ii) possuir lei de arbitragem adequada, de preferência refletindo a Lei Modelo de Arbitragem da UNCITRAL; e (ii) ser signatário à Convenção de Nova Iorque, que permite o reconhecimento da sentença arbitral estrangeira nos demais países que aderiram ao tratado.

2.4.2. Cidade da arbitragem

Mesmo se a arbitragem for no Brasil, deve-se tomar cuidado com a escolha da cidade, pelo papel auxiliar do Poder Judiciário local. Capitais de grandes estados como São Paulo, Rio de Janeiro, Belo Horizonte, Porto Alegre e Curitiba têm se mostrado amigáveis à arbitragem. Evitem sede em cidades brasileiras sem tradição no instituto, pois seus juízes não terão experiência na matéria. Por determinação do Conselho Nacional de Justiça, todas as comarcas estaduais de capitais brasileiras possuem varas com competências específicas para lidar com questões relacionadas a arbitragem, o que tem contribuído para a melhoria das decisões judiciais a esse respeito.

2.5. Lei aplicável.

Na arbitragem, as partes podem escolher as regras aplicáveis à solução do mérito do litígio[126], desde que isso não implique em ofensa à ordem pública e/ou aos bons costumes. Esse permissivo autoriza não só a eleição da lei de países estrangeiros, como também de normas para reger o mérito que não sejam propriamente ordenamentos jurídicos, tais como princípios gerais de direito, usos e costumes, regras internacionais do comércio e até mesmo julgamento por equidade.

Antes da Lei de Arbitragem, o direito brasileiro era considerado pouco flexível à escolha de lei aplicável a contratos internacionais. Isso porque a Lei de Introdução às Normas do Direito Brasileiro (LINDB) prevê que as obrigações sejam qualificadas e regidas pela legislação do país em que forem constituídas127

---

126 Art. 2o e parágrafo único da Lei 9.307/1996.
127 Art. 9o, *caput*, da Lei 4.657/1942.

– o que se lê, em regra, como o lugar onde os contratos forem firmados. Na hipótese de contratos celebrados entre ausentes, ou seja, com as partes em lugares distintos, consideram-se constituídas as obrigações no local onde residir o proponente[128]. Esses dispositivos eram considerados cogentes e se aplicam a litígios em foro judicial. Dessa forma, a arbitragem tornou-se o porto seguro, pois não há dúvidas que contratos sujeitos a cláusula compromissória podem estar sujeitos a lei estrangeira, conquanto que se respeite a ordem pública e os bons costumes.

Por um lado, as partes devem levar em consideração que não é qualquer negócio jurídico em que cabe a eleição de lei estrangeira. Por exemplo, a princípio não faria sentido reger por lei estrangeira negócio jurídico sem qualquer elemento de conexão com o exterior.

Por outro lado, em negócio jurídico internacional, vale discutir qual seria a lei aplicável ao contrato. Aconselha-se que a parte esteja totalmente informada

---

128 Art. 9o, parágrafo segundo, da Lei 4.657/1942.

dos efeitos dessa eleição e tenha sido representada por advogado conhecedor da legislação. Na prática, há uma diferença imensa eles a legislação dos países de *common law*, como a lei inglesa ou a Lei de Nova Iorque, que são mais respeitosos à redação contratual (os "*four corners of the agreement*") e a tradição jurídica europeia continental, no qual a lei brasileira se enquadra, com todos os seus princípios e normas legais cogentes. Por isso, pesquisas apontam as leis inglesas e de Nova Iorque como as mais usadas em contratos de comércio internacional[129] - o que não significa que se pode negociar um contrato sob essas leis sem o auxílio de advogado nelas qualificado.

Já os julgamentos com base em equidade, em usos e costumes, em princípio gerais de direito ou em regras internacionais de comércio não são muito populares, pela insegurança jurídica que podem trazer.

2.6. Mediação prévia.

---

129 Pesquisa anual de arbitragem da Queen Mary University, 2010.

A previsão de mediação prévia à propositura da arbitragem, ou mesmo como uma primeira etapa do procedimento de resolução de litígios (a chamada "cláusula escalonada"), pode ser providência salutar. Caso bem conduzida, pode levar ao término do litígio em seu nascedouro, poupando tempo e esforços das partes. O potencial de sucesso da mediação apresenta-se particularmente alto quando:

(i) verifica-se assimetria de informações entre as partes; e/ou

(ii) o relacionamento das partes é afetado pela falta de diálogo ou de problemas de personalidade dos agentes; e/ou

(iii) pode-se encontrar uma solução consensual de mútuo benefício, por exemplo, se o credor dá um desconto ao devedor, mas em contrapartida as partes entabulam novo negócio.

Mesmo se a mediação não levar a um acordo, pode não ter sido em vão. Ao menos, ela ajuda cada parte a entender melhor a posição da outra, bem como suas próprias forças e fraquezas.

Uma cláusula de mediação prévia à arbitragem deve permitir que a negociação seja encerrada a qualquer momento, se uma das partes precisar ir ao Poder Judiciário para uma tutela de urgência, ou se ficar claro que os litigantes não lograrão acordo. Algumas cláusulas escalonadas contemplam obrigação de negociar por meses a fio; na prática, as partes tendem a desrespeitá-las, pois quem tem problema tem pressa. Atente-se que, se, em previsão contratual de cláusula de mediação, as partes se comprometerem a não iniciar procedimento arbitral durante certo prazo ou até o implemento de determinada condição, o árbitro deverá suspender a arbitragem pelo prazo previamente acordado ou até o implemento dessa condição[130]. Por isso a recomendação de que se preveja que a parte possa sair da mediação a qualquer momento.

A Lei de Mediação prevê uma série de requisitos para a validade de cláusula escalonada, que podem ser substituídos pela indicação de regulamento de instituição idônea prestadora de serviços de mediação, no qual constem critérios claros para a escolha do

---

130 Art. 23, *caput*, da Lei 13.140/2015.

mediador e realização da primeira sessão[131]. Para evitar questionamentos, melhor então que a mediação seja feita de acordo com as regras de uma entidade, que pode ser a mesma responsável pela arbitragem, se ela prestar ambos os serviços.

Em suma: para uma cláusula de mediação prévia funcionar bem, basta prever as regras de uma instituição e estabelecer que, a qualquer momento, as partes podem encerrar o processo mediatório.

2.7. Número, forma de escolha e qualificação de árbitros.

2.7.1. Número de árbitros

De acordo com a Lei de Arbitragem, o número de árbitros deve ser ímpar[132]. A tendência natural em uma arbitragem é tribunal de três árbitros, pois várias cabeças pensam melhor do que uma. Mas essas cabeças têm um preço. A escolha de árbitro único pode reduzir as despesas, pois economiza os honorários dos outros dois.

---

131 art. 22, caput e §1º da Lei 13.140/2015.
132 Artigo 13, parágrafo primeiro, da Lei 9.307/1996.

Não se está dizendo aqui que a seleção de árbitro único seria sempre melhor. Nem sempre melhor, mas sempre mais barato. Causas de maior valor justificam três árbitros, até porque a arbitragem corresponde a uma instância única e um tribunal reduz risco de erro, aumentando a probabilidade de decisão de melhor qualidade.

2.7.2. Forma de escolha de árbitros

Quanto à forma de escolha de árbitro, há quem goste de estabelecer o procedimento de nomeação na cláusula arbitral. Ocorre que a maioria das regras já determina como isso será realizado. Fixar, assim, procedimento de nomeação na cláusula, ou será redundante ou contraditório com as regras. Diante disso, prefiro cláusulas arbitrais que apenas afirmam que os árbitros serão escolhidos de acordo com as regras aplicáveis, *tout court*. A grande exceção reside quando o litígio puder envolver múltiplas partes com interesses diferentes e/ou múltiplos contratos. Nessa hipótese, convém analisar se as regras aplicáveis apontam solução satisfatória.

Problemas também podem surgir se a cláusula impuser qualificações muito rígidas para o árbitro. Cabe analisar se, quando o litígio surgir, realmente as partes conseguirão encontrar a pessoa que satisfaça todos aqueles predicados. Caso contrário, a cláusula arbitral será "patológica", vale dizer, terá um vício que pode prejudicar a sua exequibilidade (se as partes ficarem rodando em círculos em busca de alguém que não existe), ou mesmo a validade, pois uma das partes depois poderá tentar anular a sentença, se o árbitro finalmente escolhido não cumprir fielmente as qualificações previstas.

2.8. Prazos

Pode também ser problemática o estabelecimento de prazos demasiadamente curtos para a arbitragem. Em tese, celeridade é bem-vinda, mas termo exíguo pode ser um tiro no pé. Isso porque, se o prazo previsto na convenção arbitral não for cumprido, qualquer parte pode notificar os árbitros e, caso a sentença não for proferida nos dez dias posteriores, a arbitragem deverá ser extinta[133]. Imaginem se a cláusula arbitral determinar prazo de 60 dias para a arbitragem e surgir a necessidade de uma perícia complexa? Para se mudar o prazo, seria necessário o consentimento de todas as partes e dos árbitros[134], o que não se pode garantir.

Melhor não se impor prazo rígido e qualquer previsão de termo seja apenas estimativa ou recomendação. Ou, alternativamente, esclarecer que o árbitro pode estender o prazo originalmente previsto sem o consentimento das partes, caso julgue necessário para a adequada solução do litígio.

2.9   Arbitragem expedita

Algumas instituições, como a CCI, a CAM-CCBC e o CBMA, estabeleceram, para causas abaixo de determinado valor, regras de arbitragem expedita, em

---

133 Art. 32, VII combinado com at. 12, III, da Lei 9.307/1996.
134 Art. 23, parágrafo segundo, da Lei 9.307/1996.

que as custas são mais baratas e os prazos mais curtos, em contrapartida a um procedimento mais simples.

Esses regulamentos expeditos têm funcionado bem, mas as partes devem estar atentas que, ao adotar o regulamento expedito, estão aceitando um procedimento simplificado. Por exemplo, na CCI a arbitragem expedita é resolvida por árbitro único, que pode limitar a quantidade, tamanho e escopo das manifestações escritas e vedar pedido de documentos em posse da parte contrário. A simplicidade tem seu preço.

2.10 Árbitro de emergência

Antes de instituída a arbitragem, as partes poderão recorrer ao Poder Judiciário para a concessão de medida cautelar ou de urgência[135]. Cessa a eficácia da medida cautelar ou de urgência se a parte interessada não requerer a instituição da arbitragem no prazo de 30 (trinta) dias, contado da data de efetivação da respectiva decisão[136]. Instituída a arbitragem, caberá

---

135 Art. 30-A, *caput*, da Lei 9.307/1996.
136 Art. 30-A, parágrafo único, da Lei 9.307/1996.

aos árbitros manter, modificar ou revogar a medida cautelar ou de urgência concedida pelo Poder Judiciário[137].

Contudo, o Poder Judiciário não é a única via disponível para medidas de urgência, quando o tribunal arbitral ainda não estiver investido. Diversas regras, tal como o regulamento de arbitragem da CCI, facultam às partes a nomeação de árbitro de emergência, para decidir apenas a tutela de urgência, cedendo lugar quando o tribunal for constituído.

No Brasil, o árbitro de emergência não era historicamente muito popular, principalmente por dois motivos. Primeiro, porque o Poder Judiciário funciona, em regra, razoavelmente bem no tocante à concessão de medidas de urgência. Além disso, como o árbitro não tem poder de império, dependendo da medida, a decisão do árbitro de emergência pode precisar do auxílio do Poder Judiciário para sua efetivação. Por exemplo, o pedido de congelamento cautelar de uma conta bancária deverá passar pelas

---

137 Art. 30-B, da Lei 9.307/1996.

cortes estatais, por meio de uma carta arbitral, instrumento de comunicação entre árbitros e juízes.

Não obstante, o árbitro de emergência pode ser uma opção interessante, se a parte quiser evitar o Poder Judiciário, e cada vez mais câmaras brasileiras têm adotado o sistema. A experiência de outros países indica que as partes tendem a obedecer às decisões do árbitro de emergência e que a utilização do instituto aumenta a probabilidade de acordo no curso da arbitragem.

2.11 Responsabilidade por custos e despesas.

Outro ponto controverso consiste na responsabilidade por custos da arbitragem, incluindo honorários de advogados. A sentença arbitral pode condenar a parte perdedora a reembolsar a parte vencedora por despesas como custas da instituição e honorário dos árbitros.

A maioria da doutrina entende que não se aplica à arbitragem sucumbência nos moldes do Código de

Processo Civil, que concede ao advogado, como direito autônomo, direito a verba equivalente a porcentagem do benefício econômico da parte[138]. Isso porque a sucumbência decorre de previsão do Código de Processo Civil[139], que não se aplica diretamente a procedimentos arbitrais.

---

138 Alguns autores renomados como Ricardo Aprigliano defendem, em vista dos amplos poderes conferidos pelo art. 27 da Lei de Arbitragem para determinação de responsabilidade da parte por custos e despesas, a possibilidade de os árbitros condenarem a parte vencida a pagar sucumbência ao advogado da parte vencedora, nos moldes da sucumbência do Código de Processo Civil (APRIGLIANO, Ricardo de Carvalho. Alocação de custas e despesas e a condenação em honorários advocatícios sucumbenciais em arbitragem. In: CARMONA, Carlos Alberto; LEMES, Selma Ferreira; MARTINS, Pedro Batista (Coords.). "20 Anos da Lei de Arbitragem. Homenagem a Petrônio R. Muniz". São Paulo: Atlas, 2017. p. 685-686). Com todo o respeito ao entendimento acima, pode-se entender que, ao se referir a custos e despesas, o art. 27 da Lei de Arbitragem não atine aos honorários de sucumbência, que não têm natureza de reembolso de custos, mas de sanção pecuniária imposta à parte perdedora destinada ao patrono da parte vencedora – e não à parte vencedora em si. Como o advogado da parte não é parte do processo judicial, não pode em nome próprio, ser beneficiário desse direito, salvo se houver previsão específica na convenção arbitral. A esse respeito, vale a leitura de CASTRO NEVES, José Roberto, In 20 Anos da Lei de Arbitragem: homenagem a Petrônio R. Muniz op. cit. p. 646. Confira-se, também críticos à sucumbência, NOGUEIRA, Daniel Jacob. A Mais Doce das Jabuticabas: os Honorários de Sucumbência na Arbitragem Comercial Brasileira. In: Direito Comercial e Arbitragem: Estudos em Homenagem ao Professor Claudio Finkelstein. São Paulo: Quartier Latin, f. 521-538. No sentido de que só poderá haver sucumbência se as partes expressamente previrem, NUNES, Thiago Marinho e PEREIRA, Mariana Gofferjé. Custas e Despesas na Arbitragem Doméstica e Internacional. Direito Comercial e Arbitragem: Estudos em Homenagem ao Professor Claudio Finkelstein. Op. cit. p. 539-552 e ELIAS, Carlos Eduardo Stefen. Honorários Advocatícios de Sucumbência na Arbitragem Regida pela Lei Brasileira. Revista de Arbitragem e Mediação, vol. 68/2021, p. 81-114, jan-mar 2021.

139 CPC, art. 85 e seguintes.

A praxe é o painel arbitral condenar o perdedor a indenizar o vencedor por custos razoáveis incorridos com advogados e outros profissionais, como assistentes técnicos, proporcionalmente ao resultado da sentença. Esse tipo de decisão dos árbitros é altamente subjetivo, não apenas quanto ao que seriam honorários razoáveis de advogados, como também no tocante a essa "proporcionalidade do resultado da sentença", especialmente se existirem vários pedidos postos e contrapostos, alguns procedentes, outros parcialmente procedentes e ainda outros improcedentes. Por isso, muitas vezes a cláusula compromissória simplesmente veda a indenização por honorários de advogados, ou estabelece teto para eventual condenação.

A cláusula arbitral pode enfrentar a questão, prevendo se e como a parte ganhadora será ressarcida pela parte perdedora dos custos da arbitragem, inclusive honorários de advogados. Não é uma decisão fácil, nem existe certo ou errado, dependendo da vontade das partes sobre como disciplinar esse assunto.

3. Sugestões para cláusulas mais complexas

Além do "feijão com arroz", certas circunstâncias podem tornar a cláusula arbitral mais complexa, demandando especial atenção, como (1) contratos relacionados, (2) relações de consumo; e (3) contratos padrão.

3.1   Contratos relacionados.

Uma mesma relação jurídica e/ou econômica muitas vezes está refletida em mais de um contrato. Pode exemplo, sócios de uma *joint venture* podem ter um contrato social, um acordo de acionistas e um acordo de investimento. Uma empresa pode, conjuntamente, prestar serviços e vender produtos, em operações relacionadas, sujeitas a contratos distintos.

Podem surgir problemas, se as cláusulas compromissórias dos instrumentos contratuais não forem compatíveis (por exemplo, cada uma prever uma regra arbitral diferente). Nessa hipótese, o resultado mais provável seria diversas arbitragens distintas sobre temas conexos, multiplicando esforços e aumentando custos.

É importante, nesses casos, que todos os contratos tenham cláusulas arbitrais harmônicas (preferencialmente idênticas), estabelecendo a possibilidade de consolidar em uma única arbitragem litígios referentes a mais de um documento.

3.2   Relações de consumo.

Diante do sucesso da arbitragem, alguns empresários consideram incluir cláusula arbitral em contratos com consumidores, o que demanda pelo menos duas reflexões.

A uma, como já discutido no item 2.1 acima, a arbitragem pode ser mais cara do que o processo judicial. Trata-se de forte barreira econômica para uso da via arbitral em relações de consumo, nos quais, em regra, o consumidor tem recursos financeiros restritos.

A exceção seria para relações de consumo referente a bens de mais valor, como apartamentos, carros de luxo, embarcações e aviões.

Além disso, existe grande discussão sobre a eficácia de cláusula arbitral em relações de consumo proposta pelo fornecedor de produtos ou serviços, uma vez que o art. 51, VII, do Código de Defesa do Consumidor proíbe "arbitragem compulsória".

A jurisprudência do Superior Tribunal de Justiça tem permitido a arbitragem em relações de consumo apenas quando o consumidor toma iniciativa de propor a arbitragem ou claramente concorda com o procedimento[140].

Diante do estado atual jurisprudência atual, melhor seria o empresário não contar que poderá exigir do consumir a participação em arbitragem contra sua vontade. Se quiser arriscar, o empresário deverá estar ciente ser mais provável que a cláusula arbitral seja

---

140 Os dois *leading cases* a esse respeito do STJ são 3ª T., REsp 1.785.783, Relª. Minª. Nancy Andrighi, j. em 05.11.2019 e4ª T., REsp. 1.189.050, Rel. Min. Luis Felipe Salomão, j. em 01.03.2016.

considerada como uma opção do consumidor, que poderá preferir o Poder Judiciário.

3.3   Contratos padrão

Não obstante o capítulo 3.2 acima, há de se notar que nem todo contrato padrão envolve relação de consumo. Empresas podem utilizar contratos padrão em seus negócios *business to business*, para garantir homogeneidade nos termos e condições negociais. Esses contratos padrão poderão ter cláusula arbitral. Mas, para que esta seja eficaz contra o aderente, de acordo com a Lei de Arbitragem, ela deverá estar em negrito ou documento anexo, com visto ou assinatura específica, ou então o aderente deverá propor a arbitragem[141].

Minha preferência é que a cláusula arbitral fique em um anexo com assinatura das partes, e que haja opção para o aderente assinar outra versão do anexo, que não preveja arbitragem, de modo a ficar claro o consentimento. De qualquer forma, recomenda-se que o proponente da arbitragem registre as tratativas que levaram a assinatura do contrato com cláusula

---

141 art. 4o, parágrafo segundo, da Lei 9.307/1996.

compromissória, para, se necessário, demonstrar a discussão sobre o tema.

4. Conclusão: o ótimo, o bom e o arriscado

Para concluir, vale sumarizar o que deve constar, o que pode constar e o que não seria recomendável em cláusula arbitral.

4.1.   Elementos recomendados

a) Redação simples, curta e direta.

b) Afirmativa clara de que todas as disputas direta ou indiretamente relacionadas ao contrato deverão ser resolvidas por arbitragem, para demonstrar consentimento.

c) Escolha de regras aplicáveis, preferencialmente de uma instituição. Recomenda-se que as partes se informem antes se os custos da instituição são compatíveis com o valor de eventual disputa. Deve-se pesquisar se as regras possibilitam completar eventuais lacunas da cláusula arbitral. A instituição deve ser reconhecida pela alta qualidade dos serviços.

d) Seleção de local da arbitragem, prioritariamente em cidade cujo Poder Judiciário tenha jurisprudência favorável à arbitragem.

e) Em contratos padrão ou de adesão, a cláusula arbitral deverá estar negritada ou em anexo, com campo para assinatura específica, de modo a demonstrar que o aderente teve conhecimento e expressamente anuiu.

f) Se o negócio envolver diversos contratos relacionados, replicar a mesma cláusula arbitral para todos os instrumentos contratuais, prevendo que podem ser consolidados na mesma arbitragem pleitos relativos a esses diferentes documentos.

4.2.   Elementos opcionais

a) Mediação prévia ou como etapa inicial da arbitragem. Nesse caso, a cláusula pode prever que a qualquer momento, qualquer parte poderá desistir da arbitragem e propor ou prosseguir com a arbitragem, para evitar perda de tempo. A cláusula deverá estabelecer a forma de nomeação do mediador e quando ocorrerá a primeira reunião de mediação, ou se referir a regra de instituição.

b) Número de árbitros, preferencialmente três (3) para causas mais complexas e um (1) se o valor do litígio não for muito elevado.

c) Escolha de lei aplicável.

d) Determinação se a parte vencedora reembolsará a parte vencida dos custos e despesas de arbitragem, e se a parte vencida poderá reaver os seus custos com advogados;

e) Escolha de foro judicial auxiliar para cautelares prévias ou para medidas judiciais de auxílio à arbitragem.

f) Escolha de procedimento de arbitragem expedita.

4.3. Não se recomenda

a) Frases ambíguas sobre o escopo da arbitragem.

b) Prazo longo obrigatório para negociações prévias ou mediação, que impeçam as partes de ir para arbitragem.

c) Escolha de regras de uma entidade arbitral com administração por outra instituição.

d) Escolha de instituição administradora com custas e honorários de árbitros desproporcionais ao valor da causa.

e) Arbitragem *ad hoc*, salvo se as partes forem experientes em arbitragem e estiverem agindo com espírito extremamente colaborativo.

f) Procedimento para nomeação de árbitros incompatível com as regras aplicáveis.

g) Local da arbitragem no exterior, se todas as partes estiverem no Brasil e não houver justificativa razoável.

h) Prazo rígido para prolação de sentença arbitral.

Praticamente todas as instituições arbitrais reconhecidas possuem, em seus websites, modelos de cláusulas arbitrais. Quem tiver dúvidas sobre como redigir uma boa cláusula, recomenda-se que adotem esses modelos, que embora sejam simples, comprovadamente funcionam. Na arbitragem, muitas vezes menos é mais.

Seguindo esses modelos, bem como os parâmetros discutidos acima, reduz-se muito o risco de a "cláusula da meia-noite" virar pesadelo.

IV. PROJECT MANAGEMENT EM ARBITRAGEM

1. Mais *project management* e menos processo civil em arbitragem

Muitos usuários de arbitragem, particularmente as partes e seus advogados, têm demonstrado preocupação com o fato de que o procedimento haver se tornado mais caro e lento do que poderia ser.[142] Várias instituições arbitrais estão tentando resolver esses problemas. Exemplo marcante é a Corte Internacional de Arbitragem da Câmara de Comércio Internacional, ao adotar medidas concretas como a implementação de procedimentos expeditos para casos envolvendo valores menores.[143]

Trata-se de passos na direção certa; mas não bastarão, se os árbitros não mudarem sua mentalidade e abordagem sobre o procedimento arbitral. Há farto debate sobre questões processuais, como a integração

---

142 Por exemplo, no Inquérito Internacional de Arbitragem de 2015 da Universidade de Queen Mary de Londres e White and Case, 68% dos inquiridos consideraram o custo e 36% dos inquiridos consideraram a falta de problemas de velocidade na arbitragem internacional. Pesquisa disponível em http://www.arbitration.qmul.ac.uk/docs/164761.pdf , em 27 de julho de 2017.
143 Artigo 30 das Regras de Arbitragem da CCI de 2021.

de partes adicionais e a consolidação de procedimentos paralelos, mas pouco sobre questões mais práticas, como eficiência e rapidez. Para os usuários, pode parecer que os profissionais da arbitragem conduzem a arbitragem como quem quer "construir uma catedral", sem considerar adequadamente a utilidade e o custo de sua obra. A discussão jurídica abstrata parece descolada das preocupações do cliente.

Ninguém encontrará soluções sobre como estruturar procedimentos arbitrais mais rápidos e baratos apelando apenas para teorias jurídicas. Precisa-se de mais *project management* e menos processo civil. Cabe aqui um esclarecimento: não se está aqui menosprezando a relevância do processo civil. O ponto é diverso; em uma jurisdição na qual partes e, em seu silêncio, os árbitros detêm imensa flexibilidade na organização do procedimento, destaca-se o fato de se voltar quase sempre, atavicamente, para o bom e velho processo civil, sem se considerar outras soluções. A flexibilidade procedimental aparece mais no discurso do que na prática.

Vale a pena olhar fora da caixa e usar as ferramentas de outras áreas que também sofrem com pressão de tempo e custo, na busca dos melhores resultados. A esse respeito, pode-se recorrer ao *project management*, termo traduzido aqui como gerenciamento de projeto e definido como a "aplicação de conhecimentos, habilidades, ferramentas e técnica para projetar atividades para atender aos requisitos do projeto."[144]

Pode soar incomum para um advogado a referência a uma arbitragem como um "projeto". No entanto, para fins de gestão de projetos, qualquer "esforço temporário empreendido para criar um produto único, serviço ou resultado" corresponde, de fato, a um projeto[145]. A arbitragem encaixa-se confortavelmente nessa definição.

---

144 2008 Project Management Institute. A Guide to the Project Management Body of Knowledge, 4ª Edição, p. 6.
145 2008 Project Management Institute., supra 3, p. 5.

Os pilares do bom gerenciamento de projetos estão na garantia de tempo, custo e qualidade.

Um gerente de projeto deve lidar com vários aspectos, conhecidos como "restrição tripla", incluindo não apenas tempo, custo e qualidade, mas também escopo, risco e satisfação do cliente[146]. Esses aspectos representam, coincidentemente, os principais interesses dos usuários - que podem, melhor dizendo, devem ser tratados como clientes, pois se está diante de prestação de serviço.

E o que os usuários querem? Um mecanismo de excelência de resolução de litígios expedito e econômico -ou, pelo menos, um procedimento de qualidade razoável, sem atrasos, custos exorbitantes nem surpresas. Para atingir esses objetivos, o árbitro deve atuar como gerente de projeto, e a instituição, se houver, deve desempenhar o papel do escritório de gerenciamento[147]. O gerenciamento de projetos compreende 5 etapas: início, planejamento, execução,

---

146Rita Mulcahy, Curso de Gerenciamento de Projetos, 2006, p. 15
147 Ben Giaretta: Project Management in International Arbitration. McGill Journal of Dispute Resolution, vol. 3 (2016-2017), 66, p. 74.

monitoramento/ controle e fechamento[148]. O planejamento consciente seguido de monitoramento e controle constantes durante a execução visa a garantir o fechamento no prazo e dentro do custo estimado. Isso tem tudo a ver com a arbitragem. Quanto melhor o planejamento, mais rápido e eficiente será o procedimento arbitral, permitindo que se cobra honorários e taxas mais baratas, sem reduzir a qualidade da decisão (pelo contrário, provavelmente a aumentando).

O gerenciamento de projetos aborda, portanto, alguns pontos cruciais que necessitam de melhoria na arbitragem, nomeadamente o custo e o tempo. Assim, os árbitros e as instituições devem pensar fora da caixa legal e adotar soluções de *project management*. Este artigo tem como objetivo apresentar três ferramentas disponíveis que poderiam fomentar a eficiência na arbitragem. Esses são passos tímidos, mas que poderiam trazer resultados significativos.

---

148 2008 Project Management Institute., supra 3, p. 6.

Em primeiro lugar, examinarei a aplicação de princípios de Lean em processos arbitrais. Em seguida, analisarei a relevância da definição de escopo claro em arbitragem. Por último, mas não menos importante, comentarei como os cronogramas detalhados de etapas na arbitragem, atividade por atividade até o final do projeto, poderiam melhorar o custo e a qualidade.

2. Princípios de Lean na arbitragem

Uma das ferramentas de gestão mais populares são os princípios "Lean", consagrados na obra do professor James Womack, especialmente "Lean Thinking"[149]. Nos princípios do Lean, um fluxo de etapas sequenciais e paralelas fornecem o maior valor quando executadas na ordem correta, no momento certo, com o menor desperdício[150]. Isso envolve a eliminação de etapas ociosas como períodos de espera, atividades inúteis, planejamento excessivo,

---

149 James P. Womack and Daniel T. Jones, Lean Thinking, 2ª edição, Fress Press.
150 Eric Verzuh, The Fast Forward MBA in Project Management, 3ª edição, p. 409.

microgestão e relatórios burocráticos[151]. As redundâncias devem ser evitadas.

Mesmo tendo sido formulado para atividades fabris e comerciais, interessante notar o quanto o Lean alinha-se ao processo jurisdicional, inclusive à arbitragem. Afinal, o propósito do direito adjetivo reside em estabelecer regras e procedimentos melhores, que permitam a correta aplicação do direito material e a concretização da justiça. Não obstante, muitas vezes o direito processual é tratado como um fim em si mesmo e os operadores de direito se esquecem de seu objetivo.

Embora o procedimento arbitral seja flexível, na maioria das vezes os árbitros o conduzem no "piloto automático", sem se preocupar com redundâncias. O resultado é muita repetição na fase postulatória, na produção documental, nos testemunhos e na prova pericial, que poderiam ser organizados uma melhor ordem para impedir atividades desnecessárias. Há de se perquirir qual a

---

151 Eric Verzuh, supra 10, p. 411.

melhor organização, eliminando redundâncias, para acelerar o processo sem perder qualidade?

Tome-se, como exemplo, o início da fase postulatória da arbitragem. As regras arbitrais geralmente determinam que o requerimento de arbitragem deve conter apenas um resumo da causa de pedir e dos pedidos[152], ao passo que a resposta deve apresentar um resumo das defesas[153]. Posteriormente, as partes apresentarão novas petições, incluindo alegações iniciais, defesa, réplica e tréplica. Dependendo do caso e considerando a possibilidade de petições pós-audiência e alegações finais, cada parte acabará por apresentar pelo menos um punhado de petições longas sobre o mérito. Isso implica desperdício e redundância, tornando o procedimento arbitral mais longo e caro. Isso poderia ser racionalizado, tanto com relação à fase postulatória, quanto à fase probatória.

152Confira-se, por exemplo, art. 4 (3) das Regras de Arbitragem da CCI de 2021.
153 Confira-se, por exemplo, art. 5 (1) das Regras de Arbitragem da CCI de 2021.

No tocante à <u>fase postulatória</u> (i), existem pelo menos duas maneiras de lidar melhor com essa questão, opostas entre si. A primeira seria prever que os requerentes apresentem uma descrição completa de suas causas de pedir e pedidos no requerimento de arbitragem, e que os requeridos descortinem todos os seus argumentos de defesa em sua resposta. Permitir-se-ia apenas mais uma rodada de manifestações (não incluindo alegações finais). Assim, cada parte se manifestaria por escrito só duas ou três vezes sobre o mérito.

A segunda opção vai na direção oposta, mas teria efeitos ainda mais radicais: requerimento de arbitragem muito simples, talvez até mesmo como um formulário padrão curto a ser preenchido em algumas linhas. Após a instituição da arbitragem, as partes apresentariam apenas uma rodada de manifestações escritas. As réplicas e tréplicas seriam verbais, em audiência, sobre temas pré-determinados pelo tribunal arbitral. A exceção seria no caso de existir reconvenção, ou se houver necessidade de comentar documento apresentado, quando seria permitida uma segunda rodada de manifestações escritas.

Qualquer uma dessas opções seriam mais eficientes do que o costume atual de, no mínimo, meia dúzia de manifestações escritas ao longo do procedimento. Custa a crer que não se possa falar em três petições aquilo que hoje se aborda em muito mais manifestações. O procedimento arbitral está se tornando um moto-contínuo; quanto mais se escreve, mais se tem a escrever, em uma "corrida ao fundo do poço". Para piorar, as partes muitas vezes adotam a estratégia de reter informações até o último momento possível.

A dialética mostra-se uma ferramenta essencial para se lograr justiça, mas deve ser corretamente utilizada. Um limite razoável ao número de petições diminuiria custos e tempo, sem afetar o direito à ampla defesa e ao contraditório.

Quanto à prova documental (ii), o ponto de partida seria fixar um prazo rigoroso para as partes apresentarem documentos em que o seu caso se baseará, sob pena de preclusão. As arbitragens podem tornar-se anárquicas se os árbitros permitirem que as partes venham com documentos relevantes em uma etapa tardia, reabrindo assim questões ou desencadeando novos debates. O árbitro deve estar no assento dos motoristas para decidir o momento certo para a produção do documento.

Nesse sentido, recomenda-se que as partes juntem os seus documentos que fundamentam suas alegações na primeira manifestação detalhando seus pleitos e/ou defesas. Documentos adicionais só devem ser admitidos para rebater os da contraparte, salvo descoberta de documento efetivamente novo. Não basta alegar; tem que provar. Não é nada eficiente certas práticas de apresentar rodadas de arrazoados sem qualquer documento, para acostar aos autos a prova documental apenas na última manifestação. A arbitragem não pode premiar comportamentos oportunistas.

Pedidos de documentos da contraparte e de terceiros também deverão ser formulados juntos com a primeira manifestação detalhada das partes e, se possível, a fase postulatória não deverá ser encerrada antes de tais documentos serem produzidos, para que as partes possam comentá-los. Dessa forma, não se corre o risco de surgir documento relevante posteriormente, que demande manifestação das partes, o que seria ineficiente.

Além disso, os pedidos de documentos devem ser restritos, evitando-se "fishing expeditions".

Quanto o à prova testemunhal (iii), as partes narram fatos durante a fase postulatória, para posterior confirmação por testemunho em audiência. Mas as testemunhas quase nunca contam a história exatamente como a parte descreveu nas peças escritas. O resultado é que a narrativa das partes sofre ajustes após o depoimento das testemunhas. Seria, portanto, mais eficiente exigir que as partes apresentem testemunhos escritos junto com sua primeira manifestação detalhada, assegurando-se o direito da contraparte de realizar *cross-examination* de tais testemunhas em audiência. Dessa maneira, as petições ficariam mais alinhadas com a prova testemunhal.

Alguns criticam os testemunhos escritos, pela possibilidade de manipulação pelo advogado da parte. Ora, não se pode presumir que um depoente vá prestar falso testemunho, considerando ser cediço mesmo para leigos a consequência desse ato. Além disso, um bom advogado consegue desmontar um testemunho impreciso durante a inquirição cruzada.

As declarações escritas de testemunha possuem duas vantagens. Em primeiro lugar, ela permite que o advogado se prepare melhor para *cross-examination*. Quando não se sabe bem o que o depoente falará, fica muito difícil, no improviso, rebater com a devida profundidade. Além disso, a declaração escrita substitui a inquirição direta, tornando a audiência mais curta e menos cansativa.

Outra crítica é que se perde muito tempo com declarações escritas após a especificação de provas.

Por conseguinte, reitera-se a recomendação de que tais declarações sejam apresentadas <u>durante</u> a fase postulatória, junto com as manifestações das partes, para posterior inquirição cruzada em audiência. Ressalte-se, ademais, que os árbitros deverão delimitar, antes da audiência, os pontos que poderão ser objeto da *cross-examination*. Isso porque de nada adianta uma inquirição cruzada sobre tudo o que a testemunha declarou, considerando que apenas determinados pontos influenciarão a resolução da lide.

Por fim, sempre que a disputa envolve questões técnicas, o árbitro provavelmente precisará de <u>prova pericial</u> (iv), seja de perito imparcial do juízo, seja de testemunhas especializadas e/ou pareceres técnicos que as partes podem trazer. Mais uma vez, recomenda-se que as partes apresentem eventuais pareceres técnicos junto com suas manifestações escritas, na fase postulatória. Assim, os árbitros poderão analisar a opinião dos especialistas em um momento inicial, verificar quais são as controvérsias técnicas e restringir o escopo do debate, para que mais opiniões e/ou depoimentos em audiência cinjam-se diretamente aos pontos controversos. Para tanto, ao fim da fase postulatória cabe aos árbitros proferir o bom e velho despacho saneador, demarcando eventual prova técnica complementar, que poderá ser produzida por perito do juízo e/ou pelos *experts* das partes.

Por sinal, a prova pericial muitas vezes fica à deriva por falta de orientação dos árbitros sobre o que a parte deverá cumprir de forma a satisfazer com seu ônus probatório. Por exemplo, algumas vezes uma parte apresentando lançamento contábil como prova de dano e a outra parte criticando que se deveria produzir também o documento de suporte (eg. faturas). Seria mais eficiente se os árbitros provessem alguma orientação prévia, em vez de incentivar uma dialética a nível "micro", na qual cada lado possui imensa latitude para sua produção probatória, ensejando intensas críticas, para só ao fim o tribunal decidir o que seria adequado. Não adianta dar o direito à parte de fazer, se ela não está certa se irá satisfazer.

A experiência mostra que a prova pericial é a fase que mais comumente a arbitragem foge dos trilhos, com atrasos e aumento de custos. Diante disso, cumpre aos árbitros fixar prazos rigorosos para eventual prova pericial complementar.

Em suma, os princípios de Lean podem ensinar à arbitragem como remover redundâncias, especialmente entre a fase postulatória e a fase instrutória. Deve-se instar as partes a produzir o máximo de prova durante suas manifestações iniciais, para que a prova suplementar seja a mais precisa possível. Para esse fim, os árbitros devem proferir decisão muito fundamentada e minuciosa sobre o objeto e objetivo da prova complementar - o que não representa novidade processual, pois há muito se recomenda ao julgador a prolação de cuidadoso despacho saneador.

3.   Definição de escopo

"O senhor poderia me dizer, por favor, qual o caminho que devo tomar para saiir daqui?

Isso depende muito de para onde você quer ir, respondeu o Gato.

Não me importo muito para onde, retrucou Alice.

Então não importa o caminho que você escolha", disse o Gato."

Lewis Carroll. "Alice no País das Maravilhas"

O escopo é uma das "restrições triplas" do gerenciamento de projetos. Chega a ser intuitivo que ele afete diretamente a eficiência, uma vez que, se as partes não sabem o escopo da arbitragem, qualquer estimativa de custo e duração não passará de palpite ou *wishful thinking.*

E as mudanças no escopo desencadeiam atrasos e custos adicionais. Por exemplo, quando um requerente inclui um novo pedido após a defesa do requerido, este precisará de prazo adicional para resposta. E o debate sobre este novo ponto pode render mais discussão.

Não obstante, é usual que as regras arbitrais permitam às partes definirem os seus pedidos apenas no termo de arbitragem, ou mesmo depois, se os árbitros assim as autorizarem[14].

A existência de Termo de Arbitragem com resumo das causas de pedir e pedidos não é, por si só, negativa. O principal problema reside no fato de que os árbitros tendem a permitir que o Termo de Arbitragem seja vago. Consequentemente, as alegações das partes podem passar por uma metamorfose durante o processo. Requerente aduz A, Requerido responde B, então o Requerente replica C e, ao final, o Requerido rebate com D, argumento totalmente distinto do A. Este ziguezague retórico afeta negativamente a eficiência do procedimento. Arbitragem não pode ser como um jogo de pôquer, no qual os jogadores estrategicamente seguram suas cartas.

Os problemas de uma arbitragem com objeto mal delimitado vão além de tempo e custos, pois podem ocasionar questões de qualidade e elevar riscos. Por exemplo, a falta de clareza quanto ao escopo pode levar a uma sentença *citra, ultra* ou *extra petita*. Outro risco é a de violação de contraditório, com decisões fundadas em argumentos não debatidos a fundo pelas partes.

A solução está em fazer um melhor uso dos Termos de Arbitragem, para obrigar as partes a resumirem claramente neles a suas causas de pedir e fixarem detalhadamente os pedidos. O painel deve adotar política de "tolerância zero" para causas de pedir vagas e pedidos mal formulados. Além disso, os árbitros só devem autorizar novos pedidos em circunstâncias excepcionais. Mesmo a apresentação de novos argumentos não pode ser incentivada. O árbitro pode considerar, quando da atribuição da responsabilidade por custos na sentença arbitral, a contribuição de cada parte para o tempo e os custos do processo devido à sua conduta[154], mesmo com relação à vencedora.

O escopo da audiência mostra-se outrossim relevante. Os árbitros devem realizar conferência telefônica prévia com as partes para minudenciar a audiência. Mas não se trata aqui só de procedimento. Nesse exercício da conferência, cumpre aos árbitros demarcarem quais são as questões controvertidas e qual é o ônus da prova que cada parte deverá satisfazer para lograr sucesso, bem como os pontos que os julgadores desejam ver abordados nas alegações orais. Após a conferência, tudo isso deverá estar refletido em uma ordem processual.

Os depoimentos fáticos e técnicos também deverão ser delimitados, para evitar o desperdício de tempo. Os árbitros devem exercer uma mão forte para excluir depoimentos desnecessários. Vê-se hoje uma "corrida maluca", com cada uma das partes competindo para trazer mais testemunhas, experts e

---

154 Por favor, veja, por exemplo, art. 23 (4) das Regras de Arbitragem da CCI de 2021.

pareceristas, mesmo com questionável valor agregado. O resultado final são gastos elevados e perda de tempo, com a audiência demorando muito mais do que deveria. Uma evidência disso é o fato de que as partes dispensam na última hora boa parte dos depoimentos. Os árbitros são parcialmente responsáveis por isso, quando não definem o escopo da audiência. Os advogados e os árbitros acabam atuando nos papéis de Alice e do Gato, mas quem paga o ingresso desse drama é a parte.

Caso os árbitros desejem esclarecimentos sobre temas específicos após a audiência, devem ser precisos sobre a definição das questões, podendo limitar o número de páginas.

O termo de arbitragem também pode desempenhar o papel de outra ferramenta de gestão de projetos, denominado "plano de comunicação", que (i) identifica as partes interessadas, bem como (ii) estabelece claramente como as comunicações serão feitas e as informações serão distribuídas. Um plano de comunicação eficiente deve prever como gerenciar as expectativas das partes e dos advogados, bem como relatar o *status* do trabalho dos árbitros. Um plano de comunicação bem feito prevê, entre outros elementos: (i) forma e nível de comunicação de cada tipo de informação; (ii) prazo para as comunicações; (iii) pessoa responsável por cada comunicação; (iv) quem receberá cada informação; (v) métodos e tecnologias utilizados para transmitir informações; (vi) recursos dedicados às atividades de comunicação; (vii) glossário de termos definidos; e (viii) restrições de comunicação[155].

Salta aos olhos o paralelo entre um plano de comunicação e um termo de arbitragem, uma vez que este estabelece como e quando cada parte apresentará suas respectivas manifestações e como e quando os árbitros e as instituições arbitrais contatarão as partes. Não se pode menosprezar a importância de detalhar o procedimento de comunicação para a boa execução do escopo. Um passo relevante para a eficiência seria migrar da comunicação em papel para a comunicação totalmente eletrônica. Esperar dias para receber vias

---

155 2008 Project Management Institute., supra 3, p. 257.

impressas significa atrasar o procedimento pelo mesmo número de dias. Após a pandemia do COVID-19, esta tendência veio para ficar.

Além disso, os árbitros devem estar mais atentos ao tempo de resposta. Devem reconhecer imediatamente o recebimento das mensagens das partes e devem informar oportunamente o que estão fazendo. Por exemplo, se os árbitros estão elaborando as sentenças, eles devem informar o mais rapidamente possível quando esperam terminá-la. Se os árbitros vão demorar para decidir sobre uma questão sensível, eles devem deixar as partes saberem quanto tempo será.

Em outras palavras, as partes demandam previsibilidade, o que também pode ser alcançado por cronogramas detalhados.

4.   Disponibilidade de Árbitros e WBS

O tempo é da essência no trabalho jurídico. Às vezes o procedimento arbitral demora devido à indisponibilidade do árbitro. Isso significa que o gerenciamento é defeituoso das fases de início e planejamento. Embora diversas instituições arbitrais, como a Corte Internacional de Arbitragem da CCI, exijam que os árbitros divulguem sua disponibilidade, na realidade, as partes tendem a não impugnar os árbitros por essa razão, para não ferir suscetibilidades. As instituições arbitrais devem ser mais rigorosas sobre disponibilidade e negar sua confirmação, de ofício ou a pedido da parte, se o árbitro parece estar demasiadamente ocupado para dedicar tempo suficiente ao caso.

Mas a questão de tempo não se limita à disponibilidade do árbitro. A ausência de cronograma rígido também gera problemas. No gerenciamento de projetos, uma ferramenta chave para medir o tempo é a "Estrutura Analítica do Projeto - WBS", que decompõe o trabalho a ser executado pela equipe para realizar os objetivos do projeto, com nível descendente até chegar passo a passo[156]. O WBS organiza e define o escopo total do projeto o dividindo para o nível de cada atividade, que é denominado "pacote de trabalho". Cada pacote de trabalho pode ser agendado, ter custo e tempo estimados, monitorados e controlados[157]. Trata-se, portanto, de uma valiosa ferramenta de gerenciamento de projetos para planejamento, monitoramento e controle da execução.

Certas regras de arbitragem exigem que os árbitros organizem os cronogramas processuais com o prazo para as principais etapas relacionadas ao procedimento arbitral[158]. No entanto, geralmente apenas as principais atividades são contempladas e até um certo ponto (normalmente especificação de provas), em vez de se definir desde logo todo o caminho até a prolação da sentença. Esta não é a melhor prática de gerenciamento de projetos. Para permitir o agendamento de tempo adequado,

---

156 2008 Project Management Institute., supra 3, p. 116.
157 2008 Project Management Institute., supra 3, idem.
158 Confira-se, por exemplo, art. 24 (2) das Regras de Arbitragem da CCI de 2021.

monitoramento e controle, o nível de detalhe deve descer a cada pacote de trabalho, ou seja, a cada atividade, com a data esperada e parte responsável.

Logicamente, a realidade é mais imprevisível e novas atividades podem surgir, assim como a necessidade de mais provas técnicas ou esclarecimento de um ponto relevante. Cada vez que uma nova ação deve ser tomada, os árbitros devem atualizar o WBS, informando às partes, com as novas ações, prazos e partes responsáveis. Como tal, haverá monitoramento e controle constantes de cada etapa da arbitragem.

Por um lado, na gestão de projetos, cumprir a data prevista corresponde a um sinal de sucesso. Por outro lado, em processos arbitrais, os árbitros raramente são recompensados ou punidos pelo seu *timing*. Isso está mudando e algumas instituições, como o Corte Internacional de Arbitragem da CCI está reduzindo os honorários de árbitros que atrasam suas decisões. As instituições também devem considerar o outro lado da moeda, de modo a aumentar os honorários de árbitros mais rápidos. Consequentemente, os honorários estariam alinhados com a velocidade do caso.

Reitera-se, ademais, a recomendação de que as instituições arbitrais acompanhem e divulguem ao público a duração média das arbitragens nas quais cada árbitro assume. Como tal, as partes poderiam considerar a proatividade dos árbitros, ao escolher o painel.

5.   Sugestões - menos processo e mais *project management*

Em suma, a adoção de princípios Lean e ferramentas de *project management*, como controle de escopo e WBS, são mais do que bem-vindos na arbitragem, para reduzir custos e tornar a duração e o resultado mais previsíveis. Na arbitragem brasileira, imperam as discussões processuais e, infelizmente, não se olha o suficiente para soluções fora do âmbito jurídico.

No exterior, esse debate está mais avançado. Por exemplo, o Dr. Jörg Risse, sócio da Baker & McKenzie em Frankfurt, apresentou propostas "drásticas" para economizar tempo e custos em processos arbitrais, como alocação explícita de percentagem do reembolso de custos com base na conduta das partes, bem como prêmios e deduções dos honorários do árbitros de acordo com sua velocidade[159]. Embora não vá tão longe, eu gostaria de encerrar este artigo com propostas de medidas práticas que poderiam tornar o processo arbitral mais rápido, barato e previsível:

a) o requerimento de arbitragem deve ser o mais simples possível. As instituições podiam adotar formulários padrão com poucas páginas para que o requerente preenchesse, se possível até online;

b) antes de serem confirmados, os árbitros devem divulgar quantos casos têm e

---

159 Jörg Risse, Ten Drastic Proposals for Saving Time and Costs in Arbitral Proceedings, Arbitr Int (2013) 29 (3): 453-466.

quando estarão disponíveis para uma audiência - como a Corte de Arbitragem da CCI exige. A instituição arbitral deve ser rigorosa e negar a confirmação, se o árbitro estiver ocupado;

c) as partes devem ser obrigadas a descrever em detalhes a sua causa de pedir e pedidos no Termo de Arbitragem ou, pelo menos, antes de ordem processual "imperial", que organize o procedimento;

d) o termo de arbitragem ou a ordem processual imperial deve conter uma explicação pormenorizada dos pontos controversos a serem resolvidos na arbitragem;

e) após a assinatura do termo de arbitragem ou a emissão da ordem processual imperial, os árbitros só devem autorizar novos pedidos em circunstâncias especiais;

f) o termo de arbitragem ou a ordem processual imperial deve conter um cronograma detalhado com cada um dos próximos passos do procedimento, incluindo não só a fase postulatória, mas também a data da audiência, se houver, e a data prevista para a prolação da sentença. O cronograma deve estar no formato de WBS;

g) qualquer alteração de data prevista do cronograma deve resultar na emissão de novo cronograma, com datas revisadas para todo e qualquer evento;

h) a primeira manifestação de cada parte após o termo de arbitragem deverá ser acompanhada por todos os elementos de prova em que as partes desejam se basear, incluindo (i) todos os documentos; (ii) declaração escrita de testemunhas de fato; e (iii) qualquer parecer de *expert*;

i) qualquer pedido de produção de documentos na posse da contraparte ou de terceiros deve ser formulado o mais cedo possível, e.g., junto com a primeira manifestação da parte após o termo de arbitragem ou ordem processual imperial. Eventuais pedidos de documentos devem ser restritos;

j) após a primeira manifestação das partes depois do termo de arbitragem ou ordem processual imperial, as partes devem ser impedidas de apresentar documentos adicionais, salvo para rebater documento novo apresentado por contraparte ou em circunstância excepcional;

k) após o termo de arbitragem ou a ordem processual imperial, cada parte deve ser autorizada a apresentar apenas uma manifestação, salvo nas hipóteses abaixo.

k.1) se houver pedido contraposto, as partes devem ser autorizadas também a apresentar defesas aos pedidos reconvencionais. Se possível, as alegações iniciais e a reconvenção deverão ser simultâneas, assim como das respectivas defesas;

k.2) Se houver produção de documento relevante na primeira manifestação escrita por uma parte, a contraparte poderá ser autorizada a apresentar uma segunda manifestação escrita.

l) Os árbitros devem incentivar que quaisquer manifestações adicionais sejam feitas oralmente, na audiência;

m) os árbitros devem realizar uma teleconferência antes da audiência para discutir o procedimento, bem como o escopo das sustentações orais e depoimentos de testemunhas técnicas e fáticas;

n) nessa teleconferência, os árbitros e as partes devem discutir os pontos que já foram comprovados e os pontos que cada parte ainda precisa provar para satisfazer seu respectivo ônus;

o) após a teleconferência, os árbitros devem emitir uma ordem processual explicando o procedimento para a audiência e os pontos a serem tratados sustentações orais e depoimentos de testemunhas técnicas e fáticas. Preferencialmente, essa ordem processual deve se assemelhar a um despacho saneador em processo civil;

p) se, após a audiência, os árbitros concluírem que desejam mais provas, como a nomeação de um perito do juízo, devem delimitar precisamente o alcance de tais provas adicionais e impor prazos estritos para as próximas etapas. Eventual novo cronograma deve então ser revisado pelos árbitros e distribuído às partes;

q) as alegações finais devem ter um resumo da posição de cada parte sobre as questões-chave, conforme indicado pelo painel arbitral, devendo listar em uma tabela (que faça referência aos autos) cada prova na qual a parte baseia sua posição acerca das questões-chave;

r) os árbitros devem ser incentivados a decidir o quanto antes (de preferência previamente à sentença final) questões mais fáceis, bem como pedidos frívolos ou manifestamente improcedentes, de modo que as partes não percam tempo fazendo argumentos e produzindo provas com relação a eles;

s) a decisão arbitral deve considerar, na decisão sobre a responsabilidade pelos custos da arbitragem, em que medida cada parte contribuiu com o aumento das despesas e a duração do procedimento; e

t) aos honorários finais do árbitro devem levar considerar se eles cumpriram o prazo previsto no termo de arbitragem, com redução em caso de atraso.

Não por acaso, nos últimos tempos as câmaras arbitrais mais renomadas tentam ampliar a adoção de regras de "arbitragem expedita", com procedimento simplificado, custas menores e prazo curto para prolação de sentença arbitral, nas quais às vezes os árbitros tomam algumas das medidas acima sugeridas. Só que isso ocorre por necessidade, não como método. Há o risco de se criar uma clivagem entre as "arbitragens expeditas" e as "arbitragens caras e lentas", quando todos os procedimentos deveriam ser conduzidos de forma mais célere e econômica possível. Melhor seria que houvesse um compromisso global dos árbitros, das instituições e inclusive dos advogados (cuja responsabilidade por atrasos não pode ser relevada) para que todo o procedimento arbitral seja conduzido com a maior eficiência possível.

V. VISÃO PRÁTICA SOBRE A PROVA TESTEMUNHAL EM ARBITRAGEM

1. Prova testemunhal em arbitragem

Existe uma grande diferença entre o tratamento dado à prova testemunhal no processo civil, onde não goza de tanto prestígio, e na arbitragem, em que exerce papel de uma das estrelas dos meios probatórios. Por conseguinte, qualquer advogado que deseje sucesso na representação de clientes em procedimentos arbitrais deve entender os motivos para esse tratamento diferenciado, bem como atentar para as especificidades tanto no depoimento pessoal, quanto para no testemunho em audiência, para poder lograr o melhor resultado.

Busca-se aqui examinar essas especificidades de um ponto de vista prático, de forma que o operador do direito possa entender melhor como ocorre a produção de prova testemunhal em arbitragem e utilizar da forma mais apropriada essa ferramenta.

2. Regime da prova testemunhal em procedimentos arbitrais

Pode-se conceber vários motivos o sucesso da prova testemunhal em arbitragem, dentre os quais se destacam a possibilidade de inquirição dos depoentes por advogado em audiência e a maior flexibilidade na admissão de testemunhas.

Na tradição brasileira, no processo judicial cabia apenas ao juiz, e não às partes, realizar a inquirição de testemunha em audiência. Isso tornava o exercício pouco proveitoso, se o julgador não tivesse estudado o caso profundamente - com toda a dificuldade para isso acontecer em um Poder Judiciário abarrotado de processos. E, mesmo se bem preparado, os juízes pendiam a não ter a mesma postura aguerrida e a não exaurir as técnicas de inquirição como fazem advogados, justamente por serem independentes e imparciais. Não era incomum o "juiz papagaio", que, sem deter todos os elementos para uma boa inquirição, acabava repetindo as perguntas sopradas pelos advogados.

A inquirição de testemunhas por advogados mostra-se como bom exemplo da eficiência do método dialético, pois a verdade surge quando os dois lados se enfrentam diretamente, servindo o juiz, nesse concerto, mais como maestro do que como instrumentista.

Na prática da arbitragem, influenciada pela *common law*, há muito tempo se tornou praxe permitir a inquirição direta e cruzada (*cross-examination*) de testemunhas principalmente por advogados em audiência[160].

Mesmo com a autorização do CPC de 2015 para a inquirição por advogados em processos judiciais[161], a oitiva tende a ser mais completa em arbitragem, pois as audiências são mais longas. Uma inquirição de testemunha bem-feita demanda certo

---

160 Confira-se, nesse sentido, IBEAS, Hugo. Escolha de Árbitros e Instrução Oral na Arbitragem - Dois Temas sob o Ângulo da Prática em Arbitragens Internacionais. *in* Coord. Ricardo Ramalho Almeida. Arbitragem Interna e Internacional. Rio de Janeiro: Renovar, 2002. p. 202.

161 Art. 459 do Código de Processo Civi de 2015.

tempo, por ser uma técnica quase artesanal, tempo esse que a "linha de montagem" do Poder Judiciário, em regra, não consegue propiciar.

Além disso, a tradição no processo civil aponta no sentido de certa rigidez na avaliação de quais testemunhas estariam impedidas ou suspeitas e, portanto, não poderiam depor, salvo como informantes. Por exemplo, interpretação rígida no sentido de que empregados de pessoa jurídica que seja parte teriam "interesse no litígio" - causa de suspeição[162] - afastaria quantidade significativa de indivíduos conhecedores dos fatos objeto do litígio.

Já na arbitragem não se aplica o CPC, uma vez que impera a flexibilidade processual e vigora o princípio do livre convencimento do árbitro[163]. Em outras palavras, o árbitro detém mais latitude para determinar o procedimento de produção de provas. Disso resulta uma maior permissibilidade na admissão de testemunhas, alargando o rol de potenciais

---

162 Art. 447, § 3º, II do Código de Processo Civil de 2015.
163 Art. 21, § 2o, da Lei de Arbitragem.

depoentes. Cumpre ao árbitro sopesar o testemunho *vis-à-vis* as possíveis ligações entre o depoente e a parte.

Não obstante, há certas regras de provas que representam direito material e devem ser seguidas em arbitragem. Cite-se, por exemplo, o art. 228 do Código Civil sobre vedações a certas testemunhas e suas exceções[164]

De qualquer forma, a prova testemunhal é mais rica e diversa na arbitragem, em que é comum que as pessoas conhecedoras dos fatos sejam diretores, empregados ou prestadores de serviços de uma das partes. Se, por um lado, pode haver abusos, com depoimentos de pessoas claramente parciais, de outro lado, em regra, essa maior riqueza e diversidade

---

164 Art. 228. Não podem ser admitidos como testemunhas:
I - os menores de dezesseis anos;
II - aqueles que, por enfermidade ou retardamento mental, não tiverem discernimento para a prática dos atos da vida civil;
III - os cegos e surdos, quando a ciência do fato que se quer provar dependa dos sentidos que lhes faltam;
IV - o interessado no litígio, o amigo íntimo ou o inimigo capital das partes;
V - os cônjuges, os ascendentes, os descendentes e os colaterais, até o terceiro grau de alguma das partes, por consangüinidade, ou afinidade.
§ 1o Para a prova de fatos que só elas conheçam, pode o juiz admitir o depoimento das pessoas a que se refere este artigo.

de testemunhos aumenta a qualidade da prova. Deve cuidar o árbitro de separar o joio do trigo e identificar os testemunhos esclarecedores daqueles imprestáveis.

3. Depoimento pessoal

No direito processual brasileiro, o depoimento pessoal da parte recebe tratamento distinto da prova testemunhal. Isso se reflete não só no CPC[165], como também na Lei de Arbitragem, cujo 22, §2º, refere-se a depoimento pessoal e a testemunha, denotando serem atos distintos. O depoimento pessoal abrange não só o interrogatório a pessoa física, mas também o do representante legal da parte pessoa jurídica.

A parte e seus representantes legais beneficiam-se do princípio constitucional, aplicável a todo o tipo de processo, inclusive arbitral, de que ninguém pode ser obrigado a produzir provas contra si mesmo[166]. Portanto, no âmbito do procedimento

---

165 Art. 385 e seguintes do CPC.
166 Art. 8º, 2, "g" do Pacto de San José. Dado que se trata de Tratado sobre Direitos Humanos, nos termos do art. 5º, §3º da Constituição Federal, equivale a

arbitral, o depoente pessoal poderá, conforme a própria Lei de Arbitragem reconhece, não comparecer à audiência[167]. Porém, o árbitro poderá levar em consideração tal comportamento ao decidir. No processo civil judicial, por sua vez, o depoente pessoal deverá depor, se intimado[168]. Não obstante, há uma série de hipóteses nas quais o depoente pessoal fica liberado de responder em juízo a certos questionamentos[169].

Já a testemunha deverá sempre comparecer à audiência, tanto judicial, quanto arbitral[170], se o julgador assim determinar.

---

dispositivo constitucional. Os incisos LV, LVII e LXIII do art. 5 da Constituição Federal também tem sido interpretados de forma a reconhecer o princípio do *nemo tenetur se detegere*. Confira-se, nesse sentido, HC 75.616, Rel. Min. Ilmar Galvão, DJ 14.11.2007; e RE 199.570, Rel. Min. Marco Aurélio, DJ 20.3.1998.
167 Art. 20, § 2, da Lei de Arbitragem.

168 Art. 385, § 1º, do CPC.
169 Art. 388. A parte não é obrigada a depor sobre fatos:
I - criminosos ou torpes que lhe forem imputados;
II - a cujo respeito, por estado ou profissão, deva guardar sigilo;
III - acerca dos quais não possa responder sem desonra própria, de seu cônjuge, de seu companheiro ou de parente em grau sucessível;
IV - que coloquem em perigo a vida do depoente ou das pessoas referidas no inciso III.

170 Art. 20, § 2, da Lei de Arbitragem.

Outra distinção relevante reside no fato de o crime de perjúrio incidir sobre o falso depoimento de testemunha[171] (e de perito, tradutor e interprete), mas não do representante legal.

O depoimento pessoal tem mais valor para o advogado da contraparte, para tentar arrancar confissões e provas negativas. É o momento mais apropriado para o advogado usar as técnicas de *cross examination*. Todo o cuidado é pouco para o depoente pessoal, que deve ser bem alertado por advogado.

---

171 Art. 342 do Código Penal.

4. Testemunho

A inquirição de depoentes representa o ponto alto da audiência, em vista de toda a atenção que gera, demandando intensa e profunda preparação pelo advogado.

Em primeiro lugar, cabe lembrar que se trata de um procedimento de instrução, não de uma oportunidade de o advogado argumentar o caso, muito menos de a testemunha fazê-lo. Os dizeres da testemunha poderão, em momento posterior (alegações pós-audiência ou petições subsequentes), ser integrados ao direito por meio do exercício de subsunção (aplicação das normas aos fatos), oportunidade em que, aí sim, o advogado construirá os argumentos. Neste sentido, erro rotineiro na inquirição está na tentativa de o advogado– por si ou pela própria testemunha –sustentar o caso. Pior ainda quando insere na pergunta questões de direito a serem respondidas, como a "interpretação correta" de determinada cláusula contratual ou "a legalidade" de determinada conduta.

Existem 3 (três) tipos de inquirição na arbitragem: inquirição direta ou *direct examination*; inquirição cruzada ou *cross examination*; e reperguntas ou *Re-cross* ou *Re-direct*. Na audiência de instrução, a colheita da prova testemunhal tende a seguir esta ordem, ou seja, iniciando-se com a própria parte inquirindo as suas testemunhas (inquirição direta) (primeiro o Requerente), daí se passando as perguntas à outra parte (inquirição cruzada) e se terminando com as reperguntas.

4.1. Inquirição Direta

A inquirição direta ocorre quando o advogado da parte que nomeou a testemunha pergunta para ela. A inquirição direta é assim conduzida pelo advogado que arrolou a testemunha. Em geral, escuta-se primeiro as testemunhas indicadas pela requerente e, logo após, as pela requerida.

A inquirição direta identifica-se pelo fato de serem as testemunhas, em tese, simpáticas à parte que as indicou (senão não seriam por ela arroladas). Não há nada de errado que o advogado da parte realize entrevistas com as testemunhas que pretenda indicar, para saber o que elas têm ou não a dizer.

As principais finalidades da inquirição direta são:

(i) contar a história sob a perspectiva favorável à parte;

(ii) cumprir o ônus da prova, ou seja, a testemunha deve depor sobre algo que a parte queira provar; e

(iii) jogar luz sobre documentos relevantes. Por óbvio a testemunha não vai à audiência para repetir o que já está escrito no documento, mas ela pode prestar esclarecimentos sobre pontos controversos.

Identificadas as potenciais testemunhas, recomenda-se uma entrevista inicial, para verificar se realmente os depoimentos seriam úteis e favoráveis.

A entrevista com testemunhas pode suscitar questões éticas. A linha divisória entre o certo e o errado, porém, é uma só: o dever da testemunha de falar verdade. Seria ingênuo pensar que o advogado e/ou a testemunha não vão tender algumas vezes a contar a história com lentes favoráveis à parte. Cumpre ao árbitro sopesar esse fato. A testemunha não pode, contudo, faltar com a verdade, nem o advogado pode instrui-la nesse sentido equivocado. O advogado deve ser o primeiro guardião da verdade, não só pode dever ético, como também para manter a sua credibilidade.

Além de zelar com a verdade, o advogado deve cuidar da utilidade do testemunho. Depoimentos repetitivos ou de pessoas que não conhecem os fatos de fonte própria (o "ouvir-falar") são perda de tempo, fazendo o árbitro perder o foco. Melhor ouvir uma boa testemunha do que grande quantidade de testemunhas medianas. O advogado deve tentar assegurar que suas testemunhas de maior peso tenham o devido protagonismo e recebam a merecida atenção, sob pena de dar um tiro no pé. O nome do jogo é qualidade, e não quantidade.

As "melhores práticas" da advocacia recomendam deixar a testemunha livre para falar na inquirição direta; isto é, contar sua versão em suas próprias palavras. O advogado deve, contudo, manter a testemunha no foco, mediante perguntas abertas, para que não fuja das questões relevantes para a controvérsia. A inquirição não pode virar um "bate-papo" sobre temas desimportantes para o deslinde do litígio, nem um discurso contra a parte contrária.

A pergunta do advogado deve ser aberta e inconclusiva, entregando o controle da situação para a testemunha. Como exemplo de perguntas abertas exemplifica-se: *"O que a testemunha sabe sobre as negociações do contrato?"*, ou, *"Queira a testemunha explicar o contexto em que ocorreram os problemas na construção"*.

Para a preparação das perguntas, cumpre que se tenha em mente qual o ponto se deseja demonstrar e a linguagem a ser utilizada para inquirir a testemunha. Isso porque, para a testemunha se sentir à vontade com a inquirição, as perguntas devem ser feitas na linguagem que está acostumada a adotar.

O advogado deve se planejar para a inquirição direta. Essa preparação inclui (i) lista com os pontos da história que o advogado quer que seja contada, com perguntas para cada ponto; e (ii) questões para cada ponto que acredita que aquela testemunha pode provar.

Vale mencionar uma série de atitudes que o advogado não deve tomar na inquirição direta (por questão de estratégia, não de validade), tais como:

(i) deixar a testemunha soar artificial ou ensaiada;

(ii) perguntar demais, cansando os árbitros e sendo repetitivo;

(iii) fazer pergunta cuja resposta o advogado desconheça; e

(iv) por palavras na boca do depoente.

Por outro lado, recomenda-se as seguintes práticas advocatícias:

(i) entrevistar a testemunha;

(ii) lembrar a testemunha na entrevista, à exaustão, que ela deve falar a verdade;

(iii) fazer uma inquirição cruzada simulada, para descobrir inconsistências e mentiras; e

(iv) se existir suspeita de que a testemunha não é confiável, desistir dela.

4.1.1 Testemunho escrito

Em arbitragens, pela influência de regras procedimentais de outras jurisdições, muitas vezes os árbitros permitem que as partes apresentem declarações escritas de testemunhas antes da audiência, em substituição à inquirição direta. Nessas hipóteses, haverá em audiência apenas a inquirição cruzada e as reperguntas à testemunha que apresentou declaração escrita. Em certos casos se permite uma rápida inquirição direta dessa testemunha, apenas como "aquecimento".

Dependendo das circunstâncias do caso, a apresentação de declarações escritas pode ser procedimento mais eficiente para inquirição direta, por permitir uma análise inicial do conteúdo do testemunho e uma melhor preparação pelo advogado da contraparte e pelos árbitros para inquirição do depoente em audiência. Como o tribunal arbitral possui amplos poderes para fixar o procedimento, dentro dos limites da convenção arbitral e das regras aplicáveis, não há empecilho legal para se deferir esse tipo de declaração. Deve-se, contudo, assegurar à parte contrária o direito à inquirição cruzada, em vista dos princípios processuais aplicáveis à arbitragem, em especial do contraditório e do tratamento igualitário.

É comum que o advogado auxilie as testemunhas na elaboração de depoimentos escritos. Não há irregularidade nisso, desde que o conteúdo seja verdadeiro e reflita a narrativa dos fatos pelo depoente. Por exemplo, o *Guideline* 20 dos *IBA Guideline on Parties Representations*, guia da *International Bar Association* sobre atuação em arbitragens internacionais, autoriza que advogado ajude a parte em sua declaração.

Céticos podem pensar que, como o advogado da causa frequentemente escreve a declaração da testemunha, esta não teria credibilidade. Ora, não se pode presumir que a testemunha prestou falso testemunho. Aliás, um bom advogado consegue, por *cross-examination* em audiência, aferir eventuais incorreções e inexatidões de uma declaração testemunhal. Sob esse ângulo, a declaração ajuda a separar verdades de mentiras mais facilmente do que quando o testemunho direto oral. Diante disso, cabe ao advogado que estiver auxiliando a testemunha captar na declaração a verdade de maneira precisa, sob pena de perda de credibilidade.

Se o advogado assistir a testemunha na sua declaração escrita, ele deve entrevistá-la. Essas conversas podem ser gravadas. A declaração pode ser elaborada pela testemunha ou pelo próprio advogado, mas nesse caso ele deve ter a mais absoluta certeza de que testemunha realmente concorda com tudo o que está posto no papel. A testemunha deve revisar a minuta de declaração e o advogado deve registrar claramente a responsabilidade dela por informação inexata.

A declaração de testemunha deve ser curta e direta ao ponto. Quanto mais escrever, mais haverá questionamento no *"cross examination"*. Por isso o advogado deve pensar estrategicamente não só no que a declaração deverá contar - considerando a necessidade de a parte satisfazer o ônus probatório -, como também naquilo nos temas que não deverá abordar. Se o depoimento não for positivo com relação a determinado assunto, deve-se levar em conta se vale a pena enfrentá-lo na declaração.

A melhor prática de declaração de testemunha segue o seguinte formato:

(i) qualificação da testemunha;

(ii) contextualização da testemunha no litígio, ou seja, explicação de seu papel, para que se entenda o motivo do depoimento;

(iii) separação em capítulo, com um capítulo para cada série de fatos sobre o qual a testemunha deporá, focando apenas no que seja importante;

(iv) data e local da declaração e assinatura da testemunha; e

(v) numeração de todas as páginas, de todos os parágrafos e se possível de todas as linhas, para facilitar a referência.

A declaração escrita passara pelo crivo dos árbitros e pela prova de fogo da inquirição cruzada, por isso ela não deve:

(i) contar fatos sobre os quais a testemunha não tenha certeza;

(ii) abordar fatos que não sejam relevantes para a arbitragem;

(iii) ser longa, sob pena de reduzir o seu efeito didático sobre os fatos;

(iv) adotar tom emocional ou panfletário;

(v) utilizar redação confusa ou palavras excessivamente informais; e

(vi) conter termos jurídicos ou que não reflitam o vocabulário da testemunha.

Por fim, um breve comentário sobre *cross-examination* baseado em declarações escritas. Nessa hipótese, os árbitros usualmente permitem apenas perguntas com base no que a testemunha escreveu. Dessa forma, o advogado deve se preparar para fazer a ligação entre sua questão e um determinado trecho específico do depoimento. Perguntas fora do objeto da declaração tendem a ser indeferidas pelo tribunal, salvo se houver justificativa razoável para se sair do *script*.

4.1.3. Remuneração a testemunha

Outra questão premente é se a parte pode fazer qualquer pagamento para a testemunha. Novamente recorrendo a *standards* internacionais, o item 25 (a) e (b) dos *IBA Guidelines on Parties Representation* autoriza expressamente que a parte não só arque com o custo das testemunhas que trouxer, como também as remunere pelo tempo despendido com a audiência e sua preparação. Essa remuneração deve ser ajustada dentro de parâmetros razoáveis e considerar que as testemunhas continuam obrigadas a falar a verdade.

4.1.4. Depoimento de advogado

O art. 38 do Código de Ética da Advocacia estabelece que o advogado não é obrigado a depor, em processo ou procedimento judicial, administrativo ou arbitral, sobre fatos a cujo respeito deva guardar sigilo profissional. A nosso ver, essa regra aplica-se a todo e qualquer advogado inscrito na OAB. Desta forma, cabe ao advogado alegar o sigilo profissional e tentar evitar o seu depoimento, mesmo em arbitragens internacionais, nas quais não se aplicam a lei brasileira. Isso porque trata-se aqui não de regras de processo civil, mas sim norma deontológica imperativa.

4.2. Inquirição Cruzada (*Cross Examination*)

4.2.1. Objetivo

O *cross examination* corresponde à inquirição da testemunha indicada pela parte contrária ou a pedido do juízo, após a sua inquirição direta e/ou a apresentação de declaração escrita. O *cross-examination* visa principalmente a:

(i) desacreditar a testemunha e/ou;

(ii) confrontar a testemunha com prova desfavorável à parte que a indicou; e/ou

(iii) obter confissões ou informações negativas para a parte que a indicou.

O processo civil brasileiro não contemplava tradicionalmente a inquirição cruzada. O CPC de 2015 alterou esse cenário[172], com clara influência do sucesso do instituto na arbitragem. Porém, ainda estamos aprendendo a fazer a inquirição cruzada "à

_____

172 Art. 459, caput, do novo Código de Processo Civil.

brasileira", pois nosso procedimento é muito distinto do *commom law*, em que essa prática está arraigada.

Nessas circunstâncias, o árbitro deverá controlar com rigor as perguntas formuladas pelos advogados aos depoentes nas inquirições cruzadas, para que sejam feitas com urbanidade e se atenham ao mérito do litígio. A inquirição cruzada não pode transformar o depoimento em espetáculo, constranger o depoente, nem fazer com que se desvie do foco da disputa. A esse respeito, o Código de Processo Civil de 2015 foi prudente ao prescrever que as testemunhas devem ser tratadas com urbanidade, não se lhes fazendo perguntas ou considerações impertinentes, capciosas ou vexatórias[173]. Além disso, o juiz poderá vetar respostas que possam induzir a resposta, não tiverem relação com as questões de fato objeto da atividade probatória ou importarem repetição de outra já respondida174. Em suma, fazendo a analogia com a arbitragem, como juiz de fato e de direito, o árbitro também possui poderes para vetar perguntas dos advogados das partes:

---

173 Art. 459, § 2°, do novo Código de Processo Civil.
174 Art. 459, caput, do Código de Processo Civil de 2015.

(i) impertinentes (ie, sem relação com os fatos da arbitragem);

(ii) capciosas (ie, que gerem confusão ou induzam resposta;

(iii) repetitivas;

(iv) vexatórias;

(v) indutivas; ou

(Iv) que possam resultar em quebra de sigilo profissional protegido por lei, uma vez que o árbitro não poderá contribuir com esse ilícito.

Como o Código de Processo Civil de 2015 veda as perguntas que possam induzir uma resposta175, surge a questão se estariam proibidas as perguntas ensejadoras de resposta "sim ou não", ou que contivessem uma declaração a ser confirmada ou negada (por exemplo, "você participou da negociação, correto?"). Discordo. Não se pode confundir "perguntas fechadas" com perguntas indutivas. Só haverá indução se a pergunta for feita de tal modo que

---

175 Art. 459, caput, do Código de Processo Civil de 2015.

o depoente não conseguir contar livremente os fatos de que tem conhecimento. O inquiridor pode fazer uma pergunta "sim ou não", desde que fique claro que a testemunha pode responder mais do que "sim ou não" (e contanto que não tergiverse nem minta).

A utilização de pergunta proibidas como prova só irá causar nulidade se for algo de tamanha magnitude que viole algum princípio basilar da arbitragem como contraditório, igualdade das partes, imparcialidade do árbitro e de seu livre convencimento.

Não se pode perder de vista o objetivo tríplice da inquirição cruzada, desacreditar a testemunha, confrontá-la com provas negativas e obter informações desfavoráveis a quem a indicou. Para isso, o advogado deve se preparar muito bem, pois só conhecendo o caso no detalhe poderá enfrentar a testemunha. Um bom advogado deve conhecer os fatos do litígio melhor do que a testemunha, para poder "pegá-la no contrapé".

4.2.2. Decisões fundamentais do advogado

Ressalte-se 3 (três) decisões fundamentais do advogado sobre a inquirição cruzada: (i) quais são as testemunhas que devem ser chamadas para participar do *cross examination*; (ii) qual é o objetivo do *cross examination*; (iii) qual será a estrutura dos seus argumentos.[176]

Em primeiro lugar, a parte não está obrigada a submeter todas as testemunhas da contraparte a *cross examination*. Se o testemunho direto for fraco ou não causou dano, melhor não fazer a inquirição cruzada, para não dar chance de o depoente se sair melhor. Assim se evita, ademais, perda de tempo dos árbitros.

Mesmo quando o depoimento direto da testemunha for bom, o advogado deve atentar se vale

---

176 Confira-se Revista Brasileira de Arbitragem. Burnet, Harry; Weiss, David. *Systematic Advocacy: A Guide to Cross-Examination in International Arbitration*. Ano XIII, n. 51, jul-set 2016.

a pena a *cross examination*, caso o depoente passe credibilidade e/ou saiba de mais fatos negativos sobre o cliente. Cumpre ao advogado sopesar a oportunidade de desmoralizar essa testemunha e/ou obter prova positiva na inquirição cruzada *vis-à-vis* a possibilidade de ela se sair bem mais uma vez, produzindo prova adicional contra o cliente. Há de se indagar se existe realmente meios de minar a confiança transmitida por essa testemunha e/ou extrair dela confissões. Em certos casos, o melhor é desistir e não a ouvir. Em outras situações, o advogado deve enfrentar o desafio, mergulhando nas melhores técnicas de *cross examination*.

Em segundo lugar, após decidir quais testemunhas serão ouvidas na audiência, o advogado deverá preparar seu *cross examination* pensando no seu objetivo e em como o depoimento de cada testemunha nele se encaixa. O advogado deve fazer lista contendo (i) possíveis meios de tentar arranhar a credibilidade da testemunha; (ii) provas negativas que podem ser usadas contra ela; e (iii) fatos que podem ser arrancados em depoimento, que seriam benéficos ao cliente. Esse é o "mapa da mina". A inquirição deve buscar sempre um desses três objetivos, senão padecerá de inutilidade.

Feito isso, passa-se ao terceiro e último passo, qual seja, a estruturação do *cross examination* e o tom. A preparação começa com o advogado pondo no papel todos os seus objetivos (ataque a credibilidade, confronto com prova negativa e extração de confissões ou fatos benéficos ao cliente). A partir daí ele deve separar a inquirição por tópicos, com uma série de perguntas para cada um desses tópicos. O propósito final de cada série de questões consiste em alcançar um objetivo. Por exemplo, se a testemunha falou sobre uma reunião na qual na verdade ela nunca esteve, o advogado deve elaborar uma série de perguntas, para que, no final, o depoente admita que não compareceu ao encontro. A lista de pontos representa uma bússola a garantir que a inquirição abordará todos os objetivos e não se perderá em discussões periféricas.

A estrutura deve ter uma lógica. A lista de tópicos funciona, ainda, como meio de se evitar inquirições circulares, isto é, com muito "vai e volta" nos temas, que tornam a oitiva confusa. Ao se abordar um tópico por vez, os árbitros entenderão melhor a linha de raciocínio da inquirição. Pode-se ou não seguir uma cronologia (o que, em regra, torna a estrutura mais compreensível), mas sempre deve existir uma racionalidade em se enfrentar um tema antes do outro.

Os árbitros costumam lembrar melhor dos primeiros e dos últimos pontos feitos no *cross examination.* Planeje-se, logo, para começar e terminar sua inquirição com os pontos principais e mais certos de serem obtidos. Caso um ponto que você planeje obter seja difícil de ser alcançado, tenha sempre um segundo mais fácil de se agarrar caso não tenha sucesso no primeiro.

O tom é muito sensível. O advogado deverá modular o nível de formalidade, o vocabulário e a sua própria postura caso a caso.

Cross examination em arbitragem brasileira não pode se parecer com filme de tribunal. Agressividade em excesso pode ser percebida como insegurança e/ou como estratégia para suprir falta de bons argumentos. Além disso, a testemunha pode assumir o papel de vítima, angariando simpatia. O advogado deve ser firme, mas nunca adotar um tom acima do necessário. Tentar desacreditar uma testemunha sem fundamentos sólidos pode ser um tiro pela culatra. Ao colocar em cheque a credibilidade da testemunha, o advogado também está ponto a sua própria na berlinda.

4.2.3. Técnicas: perguntas fechadas, *baby steps* e "reconstrua, reconstrua e pergunte".

4.2.3.1. Perguntas fechadas

A principal técnica de perguntas do *cross examination* baseia-se nas chamadas perguntas fechadas, ou seja, com base em afirmativas suportadas em provas. Nas perguntas fechadas o advogado indaga algo que fundado em alguma prova dos autos e que demande resposta objetiva, preferencialmente sim ou não.

As perguntas fechadas têm dois efeitos poderosos no esclarecimento dos fatos: (i) dificultam que a testemunha tergiverse ou responda algo diferente do indagado; e (ii) como fundamentada em prova dos autos, se a testemunha mentir, o advogado consegue confrontá-la com documento em sentido contrário. Na ilustração acima, se o engenheiro dissesse que não trocou e-mails com o dono da obra, o advogado provavelmente mostraria essas mensagens eletrônicas.

As perguntas fechadas devem ser curtas, de modo que sejam facilmente compreendidas pelos árbitros e pela testemunha, obstando tergiversações.

Há uma linha divisória tênue entre perguntas fechadas e capciosas, sendo que estas não podem ser admitidas. A pergunta capciosa contém na questão a própria resposta e/ou induz a testemunha a erro.

Em outras palavras, no *cross examination* a pergunta deverá ser fechada, ou seja, gerar resposta objetiva, com base em prova. Mas não deve induzir a testemunha a erro, sob pena de o árbitro poder inferi-la.

Como o Brasil não possui tradição em *cross examination*, muitas vezes os árbitros se sentem incomodados com perguntas muito fechadas. Nessa hipótese, os advogados devem ter flexibilidade para refrasear a questão de forma um pouco mais aberta.

Esclareça-se que no direito brasileiro a testemunha não está obrigada a responder sim ou não. Diante de uma pergunta fechada, ela pode muito bem dar uma resposta longa. A eficácia da pergunta fechada reside no fato de que os árbitros entenderão qual o propósito da questão. Se a resposta longa fugir desse propósito, o advogado ou o próprio árbitro poderá repetir a pergunta. A testemunha evasiva perde credibilidade. O advogado deve ter sangue frio, pois pode ser bom para seu cliente que a testemunha fique rodeando para responder pergunta clara e objetiva, pois espera-se que os árbitros entendam o que está acontecendo.

O que o advogado não deve fazer são perguntas abertas, isto é, que permitam respostas subjetivas, pois o advogado não teria qualquer controle do que a testemunha narrará. Nesse momento, a testemunha poderá acabar levando a inquirição para outro lado ou falar justamente o que o advogado não gostaria de ouvir. Recomenda-se que o advogado saiba exatamente qual é a resposta que a testemunha dará para a sua pergunta – o que pressupõe conhecimento absoluto da documentação do caso -, de modo a evitar surpresas desagradáveis que podem prejudicar o caso.

4.2.3.2. Baby steps e "reconstrua, reconstrua e pergunte"

As perguntas fechadas conduzem a testemunha para que assuma os fatos necessários para alcançar a conclusão desejada. Formula-se perguntas cujo objetivo reside obter apenas uma informação, com base em uma única prova. Cada questão, um dado, fundamentado em uma evidência; o conjunto de perguntas constrói uma linha de raciocínio coordenada, que levará a uma conclusão.

Essa estratégia de um fato por vez é conhecida como *"baby steps"*, de modo que o advogado monte o seu raciocínio "a passos curtos". O advogado deverá conter a sua ansiedade, pois devagar se vai ao longe. Cada um dos fatos deve ficar bem claro, para que a conclusão seja compreendida.

Os passos devem ser curtos para que a testemunha não entenda facilmente aonde o advogado quer chegar. A inquirição deve seguir um ritmo crescente. Começa com perguntas inofensivas reconstruindo os fatos incontroversos, até chegar na pergunta chave, que produzirá a prova útil.

Trata-se da técnica do "reconstrua, reconstrua e pergunte" (em inglês, *"lead, lead and ask"*). O advogado reconstruiu os fatos devagar, até fazer a pergunta chave, que desmoralizou a testemunha.

A inquirição cruzada tem armadilhas, que o advogado deve esconder. Nisso o advogado se parece com um caçador, a quem cumpre ser paciente e esconder suas arapucas. O advogado que pula direto para a conclusão assusta a testemunha e não permite que ela confesse os fatos.

Importa ressaltar, ainda, que ao chegar ao final do *cross examination* não é recomendável que o advogado faça a pergunta conclusiva de sua tese – como acontece nos filmes hollywoodianos. Isso porque, a última pergunta é, em tese, a conclusão a que se quer chegar. Tal conclusão pode ser aberta – o que poderá dar espaço para a testemunha consertar eventuais erros -, quando não de conteúdo parcialmente jurídico – que deverá ser apresentado pelos advogados posteriormente.

O advogado deve fazer uma pergunta a menos do que o necessário, pois se ele construir reconstruir os fatos, os árbitros saberão a resposta mesmo se a questão não for posta à testemunha. Repita-se, uma pergunta final explícita abrirá o risco de a testemunha se retratar ou melhor o seu depoimento. Quando o advogado conseguir a resposta chave, ele deve parar e mudar de assunto.

4.2.3.3. As "Regras de ouro" da inquirição

Pode-se resumir este tópico de *cross examination* com sete regras do que se deve fazer e sete regras do que não se deve fazer.

Em inquirição cruzada, recomenda-se:

1º elaborar perguntas de acordo com a finalidade: desmoralização, confissão ou mostrar prova.

2º Separar as perguntas por tópicos, evitando circularidade e "vai e volta".

3º Formular perguntas curtas e diretas.

4º Fazer perguntas fechadas, com tom afirmativo, para resposta "sim" ou "não".

5º Sempre que possível basear a pergunta em documento dos autos.

6º Reconstruir fatos, em passos curtos, e só quando tiver uma boa fundação faça a pergunta chave.

7º Quando obtiver a resposta desejada, mudar de assunto.

Por outro lado, deve-se evitar:

1º perguntas longas.

2º Perguntas abertas.

3º Pergunta cuja resposta o advogado desconheça.

4º Perguntas irrelevantes.

5º Perguntas sobre temas jurídicos.

6º Postura agressiva.

7º Discussão com testemunhas.

4.3. Reperguntas (*Re-cross* ou *re-direct*)

Após, o advogado que indicou a testemunha normalmente tem o direito de tecer novas perguntas em relação aos pontos examinados durante o *cross examination*. Esse procedimento é designado "repergunta". O objetivo consiste em mitigar os danos do *cross examination*, seja quanto à credibilidade da testemunha, seja a outros pontos com relação aos quais outra parte teve sucesso na inquirição.

Geralmente a repergunta só pode ser feita baseada em pergunta suscitada no *cross-examination*.

Muitas vezes a repergunta pode ser dispensada, devendo ser estrategicamente considerada no caso-a-caso. Por isso, recomenda-se a reflexão de qual ponto abordar e se se faz necessário que este ponto seja abordado novamente.

5. Conclusão.

A prova testemunhal tende a ser problemática, devido não só ao possível viés da testemunha, como também à dificuldade em se recordar exatamente dos fatos passado algum tempo. A arbitragem tende a enfrentar a questão mediante as técnicas de inquirição. Trata-se de solução mais engenhosa do que a tradicional do processo civil brasileiro de conceder menor peso e impor restrições a esse tipo de prova, que pode ser valiosa, se adequadamente produzida.

Há, contudo, que se tomar certas precauções. Em primeiro lugar, os árbitros devem, em seus processos decisórios, manter em mente as fragilidades da prova testemunhal. Nem tanto ao mar, nem tanto à terra.

Além disso, não só os advogados, mas também os árbitros devem tomar postura ativa, tanto na inquirição de testemunhas em si, quanto na definição dos temas sobre os quais elas deporão. Afinal, eles são os destinatários da prova e não podem delegar totalmente a instrução aos advogados, sem orientá-los sobre o necessário para cumprir os respectivos ônus probatórios de seus representados.

Nada obstante, os advogados devem estar cientes de que a arbitragem mudou o paradigma da prova testemunhal. Assim, cumpre aos patronos se prepararem para o uso das melhores técnicas aqui discutidas.

VI. PROVA DOCUMENTAL E *DISCOVERY* EM ARBITRAGENS NO BRASIL

1. Prova documental na arbitragem

A Lei de Arbitragem não possui disposição específica sobre prova documental, aplicando-se a regra geral de que os árbitros poderão ordenar a prova que julgarem necessárias, mediante requerimento das partes ou de ofício177. Já as convenções de arbitragem ou as regras arbitrais que as partes normalmente escolhem para regulamentar o procedimento aplicável não costumam conter comandos específicos sobre prova documental, limitando-se a conferir poderes instrutórios aos árbitros178. Assim, resta ao tribunal arbitral179 disciplinar o pedido, admissão, produção e valoração180 de documentos, à luz do princípio do livre convencimento motivado, um dos pilares do procedimento arbitral181.

---

177 Art. 22, caput, da Lei 9.307/1996.
178 Confira-se, por exemplo, Art. 35 (5) do Regulamento de Arbitragem da CCI de 2021 e Art. 7.1.4 do Regulamento de Arbitragem da CAM-CCBC de 2012.
179 Pode-se dividir a fase probatória em quatro etapas: (i) proposição; (ii) admissão; (iii) produção e (iv) valoração. Confira-se, nesse sentido, DIDIER JR., Fredie. *Curso de direito processual civil*: introdução ao direito processual civil, parte geral e processo de conhecimento. 17. ed. Salvador: Jus Prodivm, 2015. v.1. p. 78.
180 Art. 21, § 1º, da Lei 9.307/1996.

Se esse poder do árbitro, por um lado, permite uma flexibilidade para a estruturação da prova documental da forma mais adequada para o caso concreto, por outro lado gera insegurança jurídica para as partes.

Para mitigar essa insegurança, vem surgindo uma certa prática relativa ao pedido, admissão e produção de prova documental, refletida em soft law internacionais, como os IBA Rules on Taking of Evidence in International Arbitration ("IBA Rules") e as Rules on Efficient Procedures in International Arbitration ("Regras de Praga"). Vale atentar para que, mesmo em arbitragens sem elementos de conexão internacional[182], muitas vezes essas soft laws servem como referência, o que faz certo sentido, considerando que o direito brasileiro, ao contrário de outros ordenamentos jurídicos como o francês, não distingue entre arbitragem internacional e doméstica,

---

181 Art. 21, § 2º, da Lei 9.307/1996.
182 O direito brasileiro, ao contrário de outros ordenamentos jurídicos, como o direito francês, não distingue entre arbitragem internacional e doméstica, com procedimentos distintos.

nem estabelece procedimentos necessariamente distintos.

As IBA Rules supostamente seriam um meio-termo entre a cultura probatória de common law, que muito influenciaram o florescimento da arbitragem no Século XXI, e direito civil183. Por sua vez, as Regras de Praga representam uma reação mais recente de diversos juristas e advogados de direito civil a uma suposta influência excessiva da cultura anglo-saxã na arbitragem, tentando estabelecer procedimentos mais próximos à tradição processual da Europa continental184, também herdada pelas jurisdições da América Latina. Em um extremo, nada impede que as partes e/ou os árbitros, por analogia, apliquem as normas de exibição de documentos do CPC, o que, contudo, os afastariam dos costumes da arbitragem internacional.

---

183 PARENTE, Eduardo Albuquerque. *Processo arbitral e sistema*. São Paulo: Atlas, 2012. p. 221, nota 255.
184 "Uma das formas de aumentar a eficiência do procedimento arbitral será encorajar os tribunais arbitrais a adotar um papel mais ativo na gestão do caso (tal como é feito tradicionalmente em muitos países da civil law). Com esta ideia em mente foi formado um Grupo de Trabalho com representantes de 30 países, maioritariamente provindos de países da "civil law". A lista dos membros do Grupo de Trabalho consta do Apêndice I às Regras de Praga. Os membros desse grupo realizaram um inquérito sobre as tradições processuais dos seus países em arbitragem internacional." Preâmbulo das Regras de Praga.

Passarei neste artigo a analisar a prática de prova documental, particularmente quanto aos procedimentos usuais para sua produção (2); os requisitos para exibição de documentos em posse da outra parte ou de terceiros (3), exceções que justificam a outra parte não produzir determinado documento, como a confidencialidade (4) e as consequências da recusa da contraparte em produzir tal documento (5).

2. Procedimento para produção de documentos

Cumpre distinguir três situações relativas à prova documental: (2.1) os documentos em posse da parte por ela apresentados, (2.2) documentos em posse da contraparte ou de terceiro pedidos pela parte ou pelos árbitros.

2.1. Apresentação de documentos pela parte

Em geral, os prazos para juntada de documentos pelas partes ficam estabelecidos ou no termo de arbitragem ou em ordem processual proferida pelo tribunal arbitral logo depois da instituição do processo arbitral.

A melhor técnica, refletida no artigo 4.1 das Regras de Praga, vai no sentido de que a parte apresente a prova documental o mais cedo possível. Por exemplo, que o faça na primeira manifestação escrita da após o termo de arbitragem, sendo a prova documental posterior apenas para refutar alegações inéditas ou rebater os documentos apresentados pela contraparte, ou se se tratar de documento novo. Esse procedimento estaria em linha com nossos sistema processual, segundo o qual, salvo exceções, os documentos devem ser juntados na inicial ou na contestação185.

Também se recomenda que o tribunal arbitral determine termo final, após o qual a parte não poderá apresentar mais documentos, de sorte a evitar táticas oportunistas, tais como produzir documento relevante em estágio avançado da arbitragem, para tumultuar o processo.

---

185 Art. 435 do Código de Processo Civil.

2.2 Pedido de documentos em posse da contraparte ou de terceiros

Já o documento em posse da contraparte ou de terceiro deve ser objeto de pedido específico da parte ao tribunal arbitral, que deverá fixar prazo para esse fim. Outra melhor prática é que, no termo de arbitragem ou na primeira ordem de procedimento, o tribunal arbitral defina quando deverá ocorrer esse pedido de documentos, designando todos os prazos e ele relativos.

Em vista do princípio do contraditório, o pedido de documento deve ser objeto de resposta pela contraparte, muitas vezes admitindo-se réplica e tréplica.

É usual em arbitragem que uma parte requeira a apresentação de documentos à parte contrária por meio de um Redfern Schedule, que consiste em planilha com colunas divididas normalmente da seguinte forma: (i) indicação dos documentos necessários; (ii) justificativa; (iii) resposta da parte contrária, que pode ser concordância com a apresentação ou impugnação; (iv) manifestação do Tribunal Arbitral sobre o pedido de apresentação de documentos, se a contraparte não concordou com sua produção.

Trata-se de ferramenta concebida originalmente pelo famoso árbitro Alan Redfern, que se mostra muito útil para controle. Segue abaixo exemplo meramente ilustrativo:

Documento	Justificativa do pedido	Resposta da contraparte ao pedido	Decisão dos árbitros

Frequentemente os árbitros deixam que os documentos sejam trocados só entre as Partes, sem serem anexados automaticamente aos autos, devendo a parte interessada juntar apenas o documento que efetivamente for utilizar.

Quando a arbitragem estiver dividida em diversas fases (por exemplo, discussão do mérito e depois liquidação de valor), nada impede que haja nova rodada de pedido de documentos.

Não se pode olvidar, por fim, que o árbitro tem poderes para pedir de ofício documentos de ofício, se considerar necessário[186].

---

186 Art. 22, caput, da Lei 9.307/1996.

3. Requisitos para Produção de Documentos em Posse da Contraparte ou Terceiro

Interessante notar que nem o Código de Processo Civil187 nem as Regras de Praga188, e sequer as IBA Rules possuem requisitos muito distintos para deferimento do pedido de exibição ou produção. A grosso modo, elas condicionam a exibição de documento que: (i) esteja sob o controle da parte solicitada (3.1); (ii) seja necessário, material e relevante para a resolução do litígio (3.2); e (iii) seja específico (3.3).

---

187 Art. 397. O pedido formulado pela parte conterá:

I - a descrição, tão completa quanto possível, do documento ou da coisa, ou das categorias de documentos ou de coisas buscados;

II - a finalidade da prova, com indicação dos fatos que se relacionam com o documento ou com a coisa, ou com suas categorias;

III - as circunstâncias em que se funda o requerente para afirmar que o documento ou a coisa existe, ainda que a referência seja a categoria de documentos ou de coisas, e se acha em poder da parte contrária."

A redação atual deste artigo foi dada pela Lei nº 14.195, de 2021, permitindo categorias de documentos. Contudo, a necessidade de a descrição "tão completa quanto possível" manteve as portas fechadas para pedidos genéricos.

188 "Sem prejuízo dos Artigos 4.2 a 4.4, uma parte pode requerer ao Tribunal Arbitral que ordene a outra a produção de documento específico que:
a. Seja relevante e material para a resolução do litígio;
b. não esteja no domínio público; e
c. esteja na posse e controle da outra parte."

3.1. Documento sob controle da parte

O requisito de o documento estar na posse da parte contrária decorre de interesse de agir. Não faz sentido acionar o mecanismo da arbitragem para pedir documento que esteja em domínio público ou já na posse na parte solicitante - salvo, como as IBA Rules bem pontuam, se a produção pela própria parte solicitante, por algum motivo, for desarrazoadamente onerosa189.

Também se admite pedido de documento em posse de terceiro, o que será objeto de análise mais detalhada abaixo. O árbitro equipara-se a juiz de fato e de direito190 e, como tal, tem poder de determinar a produção de provas necessárias à instrução da causa. Para esse fim, o árbitro poderá notificar o terceiro; se este se recusar a fornecer o documento, pode-se requerer que o tribunal arbitral expeça carta arbitral, para que o Poder Judiciário ordene sua exibição.

---

189 Artigo 3.3. (c) (i) das IBA Rules.
190 Art. 18 da Lei 9.307/1996.

O conceito de documento engloba não só o físico, como também o eletrônico, o que é aceito no sistema jurídico brasileiro191, sem prejuízo de eventual questionamento de sua autenticidade, que ocorrerá na forma que o tribunal arbitral determinar. Na prática da arbitragem, mostra-se muito comum a produção ampla de documentos eletrônicos, tais como cópias de e-mails e mensagens de aplicativo.

3.2. Materialidade, relevância e *Discovery*

Segundo o art. 22, caput, da Lei de Arbitragem, o tribunal arbitral detém poder para determinar a produção de provas necessárias à instrução do processo, sendo que o Código de Processo Civil192 confere o mesmo poder ao juiz.

Na prática, o pedido de documentos costuma a ser apreciado de forma restritiva no nosso sistema processual civil, especialmente correspondências

---

191 Art. 439 do CPC. A utilização de documentos eletrônicos no processo convencional dependerá de sua conversão à forma impressa e da verificação de sua autenticidade, na forma da lei.
192 Art. 370. Caberá ao juiz, de ofício ou a requerimento da parte, determinar as provas necessárias ao julgamento do mérito.

trocadas entre as partes, considerando não apenas o requisito de "necessidade", como também os princípios constitucionais do sigilo de correspondência193 e proteção à intimidade194. Em outras palavras, embora o julgador possa determinar a produção da prova documental, deverá ter justificativa razoável para a concessão dessa medida.

Já a tradição de common law admite produção mais ampla e aberta de prova documental. Muito se fala da discovery norte-americano, definida como a fase na qual cada parte solicita que as partes contrária lhe disponibilizem as provas (inclusive documentais) que se encontram em seu poder, que guardem alguma relação com a controvérsia195.

De acordo com as Federal Rules of Civil Procedure 196, na discovery pode-se obter todo

---

193 Art. 5o, XII da Constituição Federal.
194 Art. 5o, X da Constituição Federal.
195 KOHLBACH DE FARIA, Marcela. A Produção de Provas na Arbitragem. Revista de Arbitragem e Mediação | vol. 32/2012 | p. 207 - 226 | Jan - Mar / 2012, nota de rodapé 14.
196 Article 26 (b) DISCOVERY SCOPE AND LIMITS. (1) Scope in General. Unless otherwise limited by court order, the scope of discovery is as follows: Parties may obtain discovery regarding any nonprivileged matter that is relevant to any party's claim or defense and proportional to the needs of the case, considering the importance of the issues at stake in the action, the amount in

documento que for relevante para a demanda ou defesa, desde que proporcionalmente às necessidades do caso e se tomando em conta fatores como o valor da controvérsia, o acesso das partes às informações, a capacidade financeira das partes, a importância dessa ferramenta para resolver as questões e a análise de custo-benefício.

Ensina André Abbud que: "na tradição processual dos países ligados à common law, é importante que as partes tenham o mesmo grau de conhecimento dos fatos envolvidos na controvérsia.197" Essa visão gera um viés favorável à concessão de pedido de documentos formulado no âmbito de discovery.

Não obstante, vários precedentes norte-americanos, como nos casos Commercial Solvents Corp. vs. Louisiana Liquid Fertilizer Co198,

---

controversy, the parties' relative access to relevant information, the parties' resources, the importance of the discovery in resolving the issues, and whether the burden or expense of the proposed discovery outweighs its likely benefit. Information within this scope of discovery need not be admissible in evidence to be discoverable

197 ABBUD, André de Albuquerque Cavalcanti. *Soft law e produção de p,ovas na arbitragem internacional*. São Paulo: Atlas, 2014. p. 125.

198 Commercial Solvents Corp., 20 F.R.D. at 360-61

Burton vs. Bush199 e Gilmer vs. Interstate/Johnson Lane Corp. [200], reconhecem que as regras judiciais de *discovery* não se aplicam à arbitragem. Por esse motivo, a doutrina pende no sentido de que, salvo em alguns situações excepcionais, a produção de documentos é mais limitada na arbitragem[201].

Refletindo a experiência internacional, as Regras da IBA prescrevem que os documentos pedidos devem ser relevantes para o caso e materiais para o resultado[202]. Portanto, sã mais restritos do que o discovery das Federal Rules of Civil Procedure. Mas, na prática, a amplitude da produção de documentos dependerá da cultura jurídica do árbitro.

O risco maior em arbitragem com sede no Brasil não é uma discovery clássica no estilo norte-americano, mas sim um pedido de documentos formalmente parecido com nossa tradição, mas com

---

199 614 F.2d 389 (4th Cir. 1980).
200 Gilmer vs. International/Johnson Lane Corp., 500 U.S. 20, 31 (1991)
201 HO, Wendy. Discovery in comercial arbitration proceedings. Houston Law Review, vol.
34, n. 1, p. 199, apud KOHLBACH DE FARIA. Marcela. Op. Cit., p. 466
202 Art. 3.3 (b) dos IBA Rules.

escopo demasiadamente amplo. Em outras palavras, que a parte solicite qualquer documento que possa, em tese, ser necessário, sem provar a efetiva necessidade no caso concreto.

A experiência demonstra que pedidos relativamente pequenos de documentos pode gerar avalanche de papéis e arquivos eletrônicos 203. Por conseguinte, a consolidação de um viés favorável à exibição de documentos - o que já esteja já acontecendo em arbitragem - acarretará em significativo aumento de tempo e custos do procedimento arbitral, em um contexto no qual o instituto já sobre críticas sobre supostamente ser caro e não tão rápido como deveria.

Eventuais preocupações de que interpretação restritiva de pedido de documento possa prejudicar o devido processo legal temperam-se pela sistemática processual de ônus da prova204, que também se

---

203 ABBUD, André de Albuquerque Cavalcanti. op. cit., p. 124.
204 Art. 373 do CPC. O ônus da prova incumbe:
I - ao autor, quanto ao fato constitutivo de seu direito;
II - ao réu, quanto à existência de fato impeditivo, modificativo ou extintivo do direito do autor.

aplica a arbitragens internacionais205 - embora não necessariamente nos mesmos termos do Código de Processo Civil Brasileiro. Presume-se que a parte obterá, por sai só, na máxima medida do possível, os documentos para se desincumbir de seu onus probandi, devendo ser o pedido de documentos excepcional. Assim, a exibição de documentos deve ser deferida cum grano salis[206].

Cabe então indagar: as IBA Rules prevalecem sobre os princípios processuais brasileiros de ônus probatório, em arbitragem com sede no Brasil sem elemento de conexão internacional? Se não houver previsão específica na convenção arbitral e/ou no termo de arbitragem, não consigo vislumbrar como prevaleceriam. Afinal, existe uma expectativa das partes de que eventual conflito seria resolvido sob a égide do regime brasileiro do *onus probandi* e uma mudança poderia caracterizar ofensa à ampla defesa e

---

205 "*It is widely accepted that a party to arbitration has the burden of proving the facts relied on to support its claim/counterclaim, defense, or right of set-off.*" Chapter 6. Conduct of the Proceedings', in Blackaby Nigel, Constantine Partasides, et al., Redfern and Hunter on International Arbitration (Sixth Edition), 6th edition (© Kluwer Law International; Oxford University Press 2015) p. 378
206 Art. 3.3 (b) dos IBA Rules.

contraditório, por alterar as "regras do jogo". E mesmo se houver previsão das IBA Rules, entendo que, na medida do possível, os árbitros deverão tentar compatibilizá-las, na medida do possível, com as normas processuais pátrias de ônus probatório, sendo a sede neste país[207].

As Regras de Praga tomam uma posição extrema, ao preconizar que, como regra, o Tribunal Arbitral deverá evitar a requisição de prova documental, incluindo qualquer forma de averiguação eletrônica de provas[208].

A nosso ver, o antídoto para o abuso está bem diante de nós, na norma do CPC requerendo a explicação sobre a "finalidade" do documento, para que sua exibição seja deferida[209][210]. A parte deve

---

207 Importante ter em mente que, em certas jurisdições de common law, a discovery de documentos pode ser concedida independentemente de considerações sobre ônus da prova, como nas regras judiciárias do Estado de Nova York (por exemplo, 2010 New York Code CVP - Civil Practice Law & Rules, Artigo31, item 3101). Isso justifica a mentalidade de certos advogados e árbitros com esse formação, os quais focam mais na relevância do documento e menos na sua necessidade para cumprimento de ônus probatório. Trata-se de situação oposta à verificada na tradição processual brasileira.
208 Art. 4.2 das Regras de Praga.
209 Art. 397, II, do CPC.
210 Não se está aqui defendendo a aplicação direta da norma do CPC, mas sim da sua sábia lógica.

demonstrar para que finalidade específica aquele documento servirá como prova e o motivo pelo qual essa prova é necessária. Em outras palavras, a finalidade deve ser perquirida vis-à-vis o fato a ser provado e a necessidade de se provar tal fato. Isto é, a parte deve explicar que pretende provar determinado fato com determinado documento em posse da contraparte ou de terceiro, assim como que a prova de tal fato é necessária.

Um bom exemplo está em eventual pedido de correspondências internas de um contraparte pessoa jurídica, para descobrir o que o seus administradores discutiram entre eles durante a negociação do contrato, o que poderia em tese ser aceitável na cultura de *common law*. Considerando que um contrato deve refletir o acordo de vontades, passaria esse pedido no teste de "finalidade" da cultura brasileira? Talvez não, pois dificilmente conseguiria provar o acordo "mútuo" de vontade, trazendo mais ruído do que luz.

Ao fim e ao cabo, a prática da arbitragem tem pecado em fazer a correlação entre documento e fato a ser provado. Quando muito, as partes cingem-se a mencionar a relevância e materialidade do documento, sem correlacioná-los com o fato específico a ser provado. Trata-se de erro grave, pois sem um nexo claro, o tribunal não poderá tecer inferência negativa, nem terá justificativa para expedir carta arbitral para que o Poder Judiciário obrigue a exibição do documento.

É possível que essa maior flexibilidade na produção de documentos em arbitragem resulte de uma due process paranoia, vale dizer, do temor que indeferimento de prova documental enseje no futuro pedido de anulação da sentença arbitral por ofensa à ampla defesa. Os árbitros devem ser corajosos para não se intimidarem e só concederem a exibição de documentos quando for o caso.

Para o bem do instituto, deve-se consolidar a prática de pedidos mais focados e cirúrgicos, objeto de análises ponderadas e deferido só em caso de real necessidade.

3.3. Especificidade do documento

No sistema processual brasileiro, exibição do documento está condicionada à sua "descrição, tão completa quanto possível[211]". O pedido de documentos, portanto, não poderá ser genérico[212].

A Lei 14.195/2021 flexibilizou o regime, ao permitir a possibilidade de se descrever "categorias" de documentos. Isso não significa a abertura para pedidos genéricos, pois permanece a obrigação de uma "*descrição, tão completa quanto possível*". Não vale gastar tempo com uma discussão binária se a mudança no CPC autorizaria ou não discovery no direito processual brasileiro, por não reputá-la

---

211 Art. 397, I, do Código de Processo Civil.

212 A respeito, interessante a posição de Luiz Antonio Scavone Júnior, que classifica a discovery como prova atípica e não como mero pedido de documentos: "Por outro lado, qualquer prova é admitida (prova atípica), ainda que não seja uma prova tradicional no nosso direito (típica), seguindo a regra que emana, inclusive, do art. 369 do Código de Processo Civil. Assim, além da perícia, é possível, por exemplo, o discovery da common law, ou seja, o exame de documentos de negócio jurídico referido pela parte contrária e, ainda, o depoimento técnico, mediante o qual é ouvido profissional especializado apenas para que possa trazer elementos de sua especialidade para os autos, sem que seja perito nomeado, como, aliás, hoje prevê o art. 464, § 3º do CPC." (SCAVONE JÚNIOR, Luiz Antonio. Arbitragem: negociação, conciliação e negociação. 11. ed. Rio de Janeiro: Forense, 2023, p. 173.

produtiva, pois dependeria da definição de discovery que fosse adotada, como, por exemplo, se o conceito englobaria qualquer pedido de categorias (a resposta seria sim) ou se só abarcaria pedidos de todos os documentos relevantes, independentes da análise de ônus da prova (a resposta seria não).

Já as IBA Rules se referem à descrição de documentos suficientes para identificá-los, bem como a categorias detalhadas de documentos, pedidos de forma restrita e específica, que a parte acredita que existam213. A redação das IBA Rules aponta claramente para a necessidade de se pedir documentos (i) específicos; e (ii) cuja existência seja sabida. Por esse motivo, as IBA Rules são consideradas como um instrumento de se evitar as fishing expeditions, definidas, no precedente norte-americano Aeryon Labs Inc v Datron World Communications214, como pedido amplo relativo a longo período de tempo, sem especificidade e que não é baseado em alegação precisa sobre o que se pretende provar215". Em

---

213 Art. 3.3 (a) "(i) *a description of each requested Document sufficient to identify it, or (ii) a description in sufficient detail (including subject matter) of a narrow and specific requested category of Documents that are reasonably believed to exist.*"
214 Por sinal relativo a decisão arbitral tomada com base nas IBA *Rules*.

termos mais simples, no fishing expeditions a parte "joga a rede", pedindo documentos, sem saber bem o que encontrará.

A prática ensina que a mera adoção das IBA Rules não garante que só se deferirá exibição de documentos bem específicos. A cultura da discovery está entranhada na maioria dos árbitros de common law, que, mesmo em arbitragens internacionais, às vezes acabam sendo mais lenientes do que deveriam com certa dose de generalidade em pedidos de documentos.

As Regras de Praga visam justamente a estabelecer barreiras para a influência cultural excessiva do common law nas arbitragens internacionais. A esse respeito, elas demandam que o pedido de documento seja específico216. Some-se a isso o fato, exposto acima, de que essas Regras

---

215 De acordo com decisão do "By 'fishing expedition' I mean the situation where a party seeks a broad range of documents often over a lengthy period without specificity which is not supported by a precise allegation in its pleading and with which documents it seeks to bolster its case, yet where the onus of proof remains on the party making the allegation." *Aeryon Labs Inc v Datron World Commc'ns Inc,* No 3:19-CV-02168-WQH-LL, 2020 WL 1046849, at para 3 (SD Cal 4 March 2020).
216 Art. 4.5 das Regras de Praga.

restringem significativamente a prova documental, salvo quando estritamente necessária. Afasta-se, assim, o risco de algo semelhante a uma fishing expedition.

Pode-se concluir, portanto, que, embora em variados graus, na arbitragem imperam os requisitos de especificidade e de necessidade conhecimento prévio de existência do documento, o que mitiga o risco de deferimento de pedidos excessivamente genéricos. Apesar disso, no final do dia, a *background* cultural do árbitro pode influir na decisão de se deferir pedido mais genérico.

4. Justificativas para não Produção e Confidencialidade

Uma série de razões podem justificar não se produzir ou exibir determinado documento solicitado no curso do procedimento arbitral. As IBA Rules exemplificam as seguintes[217]:

---

217 Artigo 9 (2) das IBA *Rules*.

a) irrelevância e imaterialidade;

b) sigilo profissional e "privilégio";

c) segredo comercial ou técnico;

d) ônus irrazoável para sua produção;

e) prova de destruição do documento;

f) sensibilidade política ou institucional; e

g) economia processual, proporcionalidade, equidade e tratamento igualitário entre as partes.

Além disso, as IBA Rules permitem ao árbitro não admitir prova ilícita[218].

Incumbe ao árbitro decidir sobre a admissibilidade da prova documental[219], dentro do seu livre convencimento motivado. As circunstâncias

---

218 Artigo 9 (3) das IBA *Rules*.
219 Batista Martins, Pedro A. Panorâmica sobre as Provas na Arbitragem, p. 5. Disponível em http://batistamartins.com/panoramica-sobre-as-provas-na-arbitragem-2/#:~:text=O%20campo%20das%20provas%2C%20na,sujeita%20a%20um%20c at%C3%A1logo%20legal.&text=9.307%2F96%2C%20%E2%80%9CPoder%C3 %A1%20o,partes%20ou%20de%20of%C3%ADcio%20(art., acesso em 08.02.2021.

acima mencionadas representam, tão somente, compilação de exemplos das hipóteses mais frequentes para se indeferir exibição de documento.

Há de se notar, primeiramente, que, além da necessidade, relevância e materialidade da prova, recomenda-se que os árbitros atentem para fatores como economia, proporcionalidade, equidade e tratamento igualitário. Nessa linha, tende-se a evitar produção ampla de documentos nos moldes da discovery norte-america, discutidas no capítulo III acima, especialmente quando a parte solicitada não se origina de jurisdição de common law.

O ponto mais delicado, em nossa experiência, refere-se à confidencialidade, seja o segredo comercial/industrial, seja o sigilo profissional.

Antes de adentrar nessa discussão, cumpre distinguir a confidencialidade decorrente de comando legal da confidencialidade convencional, ou seja, aquela resultante de contrato. Diante do princípio geral de que ninguém deverá se eximir do dever de colaborar com o Poder Judiciário para o descobrimento da verdade220, os árbitros possuem maior flexibilidade para, se a prova for necessária, desconsiderar a confidencialidade convencional, desde que protejam a informação sensível de revelação indevida. Já a confidencialidade decorrente de comando legal merece maior atenção.

Com relação ao segredo comercial/industrial, na arbitragem regida pelo direito material brasileiro, aplica-se a regra de que cabe ao julgador resguardar o segredo e determinar os meios de impedir o uso de tais informações pela contraparte para outras finalidades 221,. Pragmaticamente, a forma mais eficiente de preservar o segredo é não produzir informação confidencial. Portanto, pedido de documentos nesse sentido deve ser interpretado de forma restritiva.

---

220 Art. 378 do Código de Processo Civil.
221 Art. 206 da Lei 9.279/1996. Na hipótese de serem reveladas, em juízo, para a defesa dos interesses de qualquer das partes, informações que se caracterizem como confidenciais, sejam segredo de indústria ou de comércio, deverá o juiz determinar que o processo prossiga em segredo de justiça, vedado o uso de tais informações também à outra parte para outras finalidades.

Um mecanismo comum para proteger confidencialidade é a sua exibição "tarjada" (redacted), suprimindo-se os trechos aonde estão os segredos. Contudo, deve-se cuidar para que isso não implique em tornar o documento ininteligível. Outra opção seria fornecer o documento só para o tribunal arbitral e não à parte contrária.

Outrossim, há de se proteger o sigilo profissional. Por exemplo, documentos trocados entre advogados inscritos na OAB e clientes estão sujeitos à confidencialidade, salvo quando afrontados o direito à vida ou à honra, ou quando o advogado for afrontado pelo próprio cliente, ou, em favor do cliente, nos limites da necessidade da defesa, e desde que autorizado222. Ressalte-se que o Código de Ética da OAB estabelece ser o sigilo professional matéria de ordem pública223.

Existe grande discussão doutrinária sobre a natureza do sigilo profissional, se seria questão de

---

222 Arts. 35 e 36 do Código de Ética da Advocacia.
223 Art. 36 do Código de Ética da Advocacia. O sigilo profissional é de ordem pública, independendo de solicitação de reserva que lhe seja feita pelo cliente.

direito material ou de direito processual224. Há precedente em arbitragem ICSID interessante, na qual o tribunal arbitral adotou postura de "most favorable nation", no sentido de que as partes devem receber a regra que lhes confira maior proteção "the Parties should be bound by the standard that affords the broadest protection and that protects the expectations of both parties in international arbitration.".225

Vale lembrar que o Código de Ética da Advocacia só se aplica aos inscritos na OAB, ou seja, o advogado ou consultor em direito estrangeiro com registro no Brasil. Interessante notar, a esse respeito, o dispositivo das IBA Rules226, segundo o qual, ao se

---

224 Confira-se, a respeito, Goldberg, Karina e Gugler, Corina. "Privilege and document production in International Arbitration: how do arbitrators deal with different legal systems' approaches?." Revista Brasileira de Arbitragem, (© Comitê Brasileiro de Arbitragem CBAr & IOB; Kluwer Law International 2017, Volume XIV Issue 53), pp. 63 - 73.

225 *Poštová banka, a.s. and ISTROKAPITAL SE v. Hellenic Republic*, ICSID Case No. ARB/13/8, Procedural Order No. 6 (Jul. 20, 2014), ¶¶ 16-17.

226 Art. 9.5 das IBA *Rules*: "In considering issues of legal impediment or privilege under Article 9.2(b), and insofar as permitted by any mandatory legal or ethical rules that are determined by it to be applicable, the Arbitral Tribunal may take into account: (a) any need to protect the confidentiality of a Document created or statement or oral communication made in connection with and for the purpose of providing or obtaining legal advice; (b) any need to protect the confidentiality of a Document created or statement or oral communication made in connection with and for the purpose of settlement negotiations; (c) the expectations of the Parties and their advisors at the time the legal impediment or privilege is said to have arisen; (d) any possible waiver of any applicable legal impediment or privilege by virtue of consent, earlier disclosure, affirmative use of the Document, statement, oral communication or advice contained therein, or

determinar a produção de documentos sujeitos a segredo ou sigilo, o tribunal arbitral deverá cuidar de fatores, dentre outros como as expectativas das partes, bem como da manutenção da justiça e tratamento igualitário, especialmente se estiverem sujeitas a regimes jurídicos e ético-profissionais distintos. Aliás, o próprio Código de Processo Civil prescreve o respeito ao sigilo professional[227], de uma forma geral. Dessa forma, o viés seria favorável à preservação do sigilo.

A princípio se deveria evitar, na medida do possível e salvo em circunstâncias excepcionais, a exibição de qualquer comunicação relativa à assessoria técnica da parte na arbitragem, tais como contatos com assistentes técnicos e pareceristas, para se preservar o direito à ampla defesa. O racional é semelhante ao do sigilo profissional do advogado: permitir que a parte tenha liberdade de se expressar livremente diante de seus assessores técnicos, sem se

---

otherwise; and (e) the need to maintain fairness and equality as between the Parties, particularly if they are subject to different legal or ethical rules."
227 "Art. 404 do CPC: Art. 404. A parte e o terceiro se escusam de exibir, em juízo, o documento ou a coisa se: (...)
IV - sua exibição acarretar a divulgação de fatos a cujo respeito, por estado ou profissão, devam guardar segredo;"

preocupar com possível revelação do teor das informações trocadas. Com todo o respeito, a solução dada pelo direito norte-americano de que essas comunicações sofram intermediação pelo advogado para serem confidenciais, além de primar por certo grau de hipocrisia, gera burocracia desnecessária.

Quanto a documentos produzidos no curso de mediação, existe dispositivo legal expresso no sentido de que informações confidencial produzidos no processo mediatório não podem ser admitidas em arbitragens228. De maneira menos tímida, as IBA Rules recomenda que os árbitros considerem possível confidencialidade de qualquer negociação de acordo229. Recomenda-se, assim, que as partes celebrem algum tipo de acordo de confidencialidade para tratativas de acordo fora do âmbito de mediações.

---

228 Art. 30 da Lei 13.140 "Toda e qualquer informação relativa ao procedimento de mediação será confidencial em relação a terceiros, não podendo ser revelada sequer em processo arbitral ou judicial salvo se as partes expressamente decidirem de forma diversa ou quando sua divulgação for exigida por lei ou necessária para cumprimento de acordo obtido pela mediação. (...)
§ 2º A prova apresentada em desacordo com o disposto neste artigo não será admitida em processo arbitral ou judicial."
229 Art. 9.5 (b) das IBA *Rules.*

Atente-se, ademais, que as partes têm o direito constitucional à preservação de sua intimidade[230]. Dessa forma, o Código de Processo Civil estabelece uma série de escusas para que a parte não produza determinados documentos, se ferir a sua honra ou a de sua família[231], que provavelmente serão utilizados como referência em arbitragens no Brasil para fins de proteção de intimidade.

Não obstante, nem o segredo industrial e de comércio, nem o sigilo profissional e sequer o direito à intimidade são absolutos. Há jurisprudência aceitando a produção de prova cuja admissibilidade a princípio seria vedada, em circunstâncias excepcionalíssimas em que a medida se justifique pela necessidade da prova[232].

---

230 Art. 5o, X da CF/88- "São invioláveis a intimidade, a vida privada, a honra e a imagem das pessoas, assegurado o direito a indenização pelo dano material ou moral decorrente de sua violação;"
231 Art. 404 do CPC. "A parte e o terceiro se escusam de exibir, em juízo, o documento ou a coisa se:
I - concernente a negócios da própria vida da família;
II - sua apresentação puder violar dever de honra;
III - sua publicidade redundar em desonra à parte ou ao terceiro, bem como a seus parentes consanguíneos ou afins até o terceiro grau, ou lhes representar perigo de ação penal;"
232 Cite-se, como exemplo, decisão do TJ-RS que permitiu uso de escuta ilegal em processo cível. Agravo de Instrumento n. 70005684808, 2ª Câmara Especial Cível, Relator Nereu José Giacomolli, julgamento em 11.03.2003.

Algumas *soft laws* como as IBA *Rules*[233] e as Regras de Praga[234], estabelecem que documentos não públicos produzidos na arbitragem deverão ser presumidos confidenciais, devendo os árbitros tomar medidas necessárias para preservar essa confidencialidade.

Por fim, o tribunal arbitral pode ter dúvidas sobre se determinado documento deva ou não ser produzido. Nessas hipóteses, as IBA *Rules* possuem solução engenhosa, no sentido de permitir que um

---

233 Artigo 3.13 dos IBA Rules: "*Any Document submitted or produced by a Party or non-Party in the arbitration and not otherwise in the public domain shall be kept confidential by the Arbitral Tribunal and the other Parties, and shall be used only in connection with the arbitration. This requirement shall apply except and to the extent that disclosure may be required of a Party to fulfil a legal duty, protect or pursue a legal right, or enforce or challenge an award in bona fide legal proceedings before a state court or other judicial authority. The Arbitral Tribunal may issue orders to set forth the terms of this confidentiality. This requirement shall be without prejudice to all other obligations of confidentiality in the arbitration.*"
234 4.8 das Regras de Praga "Qualquer documento produzido ou apresentado por uma Parte na arbitragem e que não seja do domínio público, deverá ser mantido confidencial pelo Tribunal Arbitral e pela(s) outra(s) Parte(s), só podendo ser usado em conexão com a arbitragem, salvo onde e na medida em que a divulgação possa ser ordenada a uma Parte por imposição legal."
235 3.8 das IBA Rules "*In exceptional circumstances, if the propriety of an objection can be determined only by review of the Document, the Arbitral Tribunal may determine that it should not review the Document. In that event, the Arbitral Tribunal may, after consultation with the Parties, appoint an independent and impartial expert, bound to confidentiality, to review any such Document and to report on the objection. To the extent that the objection is upheld by the Arbitral Tribunal, the expert shall not disclose to the Arbitral Tribunal and to the other Parties the contents of the Document reviewed.*"

neutro independente analise o documento e opine sobre a objeção [235].

5. Consequência da não Produção e Confidencialidade

A recusa da contraparte em produzir documento deferido pelo árbitro pode ensejar diversas consequências, dentre as quais se destacam o *adverse inference* (presunção negativa), a carta arbitral e a imposição de multa diária.

O árbitro poderá presumir que o documento não produzido seria negativo aos interesses da parte inadimplente que recusou a produzi-lo [236], o que é conhecido como *adverse inference* (presunção negativa). Essa solução está alinhada com o direito brasileiro, o qual permite ao juiz presumir que determinada prova seria desfavorável a uma parte inadimplente em sua produção[237].

---

236 Artigo 9.6 das IBA Rules "*If a Party fails without satisfactory explanation to produce any Document requested in a Request to Produce to which it has not objected in due time or fails to produce any Document ordered to be produced by the Arbitral Tribunal, the Arbitral Tribunal may infer that such document would be adverse to the interests of that Party.*"
237 "Art. 400 do Código de Processo Civil: Ao decidir o pedido, o juiz admitirá como verdadeiros os fatos que, por meio do documento ou da coisa, a parte pretendia provar se:
I - o requerido não efetuar a exibição nem fizer nenhuma declaração no prazo do art. 398;

Vale mencionar aqui o famoso teste de Jeremy Sharpe, com base em análise de casos de arbitragem internacional, com condições que deveriam ser satisfeitas para a aplicação de inferência negativa em procedimentos arbitrais: (i) a parte pedindo inferência negativa precisaria produzir toda a prova disponível corroborando a inferência solicitada; (ii) o documento solicitado e não produzido deve estar disponível para a parte a ser sancionada; (iii) a inferência negativa deve ser razoável, consistente com os fatos dos autos e logicamente relacionada com a natureza do documento não produzido; (iv) deve haver algum indício prima facie que suporte à inferência solicitada; e (v) a parte a ser sancionada deverá saber a sua obrigação de produzir o documento[238].

O *adverse inference* tende a ser menos frequente do que deveria, porque a parte requer documentos sem esclarecer o que exatamente pretende comprovar com eles, o que turva o

---

II - a recusa for havida por ilegítima."

238 Sharpe, Jeremy. Drawing Negative Inferences from Non-Production of Evidence. 22:4 Arbitration International, p. 550.

estabelecimento de presunção. Para evitar essa situação, cabe aos advogados e árbitros serem mais rigorosos com relação à prova documental. Por um lado, não se deve permitir pedido sem que a parte detalhe não só a relevância e materialidade do documento, como também o que ele provaria. Por outro lado, se essas precauções forem tomadas, os árbitros deverão ser menos tímidos para aplicar presunção à contraparte que deixa cumprir com ordem de produção de documentos.

O árbitro não tem poder de império para diretamente obrigar o terceiro a entregar o documento. Contudo, alternativamente ao *adverse inference*, pode-se pedir ao tribunal arbitral expedir <u>carta arbitral</u> para que o Poder Judiciário determine à contraparte a exibição do documento[239]. A princípio, o órgão competente do Poder Judiciário deverá fazer cumprir a ordem da carta arbitral, desde que: (i) o tribunal arbitral prove sua jurisdição sobre o caso e (ii) a

---

239 Art. 22-C da Lei 9.703/1996. "O árbitro ou o tribunal arbitral poderá expedir carta arbitral para que o órgão jurisdicional nacional pratique ou determine o cumprimento, na área de sua competência territorial, de ato solicitado pelo árbitro."

ordem nela contida esteja em consonância com os requisitos de exibição de documentos do CPC.

Esclareça-se, com relação ao segundo ponto, que não cabe ao Poder Judiciário rejulgar o mérito do pedido de exibição, mas sim verificar qualquer defeito *prima facie* de forma, tal como se os documentos estão individualizados no pedido.

Por fim, há muita discussão na doutrina internacional se o árbitro poderá determinar multa diária para a parte fornecer documento. A esse respeito, recomenda-se estudo de Marco Deluiggi, o qual identifica aceitação da multa diária em determinados países, como Bélgica e Holanda, ao passo que a medida encontra resistência em outros países, como Suíça[240].

Em seu clássico *L'Arbitre*, Thomas Clay defende que a medida seria natureza coercitiva e,

---

240 DELUIGGI, Marco. O conflito de culturas na produção de provas em arbitragens internacionais. In: Finkelstein, Cláudio; Vita, Jonathan B.; Casado Filho, Napoleão (coords.). Arbitragem internacional Undroit, Cisg e direito brasileiro. São Paulo: Quartier Latin, 2010. p. 149.

portanto, não poderia ser tomada pelo árbitro, que não teria poder de coerção. No Brasil, adota posição semelhante Eduardo Talamini[241].

Pode-se argumentar, em ponto de vista oposto, que no direito o árbitro é equiparado no Brasil a juiz de fato e de direito. Como o juiz pode estabelecer multa diária para efetivar suas decisões, a princípio o árbitro teria o mesmo poder. Essa é a posição defendida, dentre outros, por Luis Olavo Batista[242] e Cândido Rangel Dinamarco[243]. A esse respeito, com base em autores portugueses, Marcelo Mattos Amaro da Silveira defende distinção entre o poder coercitivo e o poder executório do árbitro, considerando que o árbitro pode ter certo grau de poder coercitivo, só não detendo poder de executar suas decisões[244].

---

241 TALAMINI, Eduardo. Arbitragem e estabilização da tutela antecipada, In NOVO CPC DOUTRINA SELECIONADA, v. 4, Procedimentos Especiais, Tutela Provisória e Direito Transitório. p. 164.
242 BAPTISTA, Luiz Olavo. *Arbitragem comercial e internacional*. São Paulo: Magister, 2011. p. 224.
243 DINAMARCO, Cândido Rangel. *A arbitragem na teoria geral do processo*. São Paulo: Malheiros, 2013. p. 228
244 SILVEIRA, Marcelo Matos Amaro, 'Das astreintes no processo arbitral: reflexões sobre o poder coercitivo do Tribunal Arbitral no Direito Luso-brasileiro', in João Bosco Lee and Flavia Mange (eds), Revista Brasileira de Arbitragem. Kluwer Law International 2018, Volume XV Issue 58, pp. 54 - 79.

6. Conclusão: Produção de Documentos Deve Ser Cirúrgica

O documento representa um dos mais relevantes meios de prova no direito brasileiro, notadamente para fins de arbitragem.

Com relação aos documentos já em posse da parte, recomenda-se, para fins de eficiência processual, que o tribunal arbitral ordene sua apresentação no processo arbitral na primeira oportunidade, tal como em alegações iniciais das partes, após a constituição do tribunal arbitral. Seguindo essa melhor prática, outros documentos só poderiam ser juntados se forem para rebater alegações inéditas ou os documentos apresentados pela contraparte, ou se se tratar de documento novo.

Quanto aos documentos em posse da contraparte e/ou de terceiros, a parte poderá solicitá-los, em prazo a ser fixado pelo tribunal arbitral, que deverá preferencialmente ser estabelecido no termo de arbitragem ou na primeira ordem processual.

A grande controvérsia sobre prova documental na arbitragem reside no escopo do pedido de exibição de documentos, se deverá ser específico e restrito, como na tradição do processo civil brasileira, ou se poderá ser mais genérico e amplo, em vista da influência de *common law*, com o *discovery* norte-americano. Três motivos me fazem pender a favor de pedido mais específico e restrito, quando se tratar de arbitragens cuja sentença deva ser proferida no Brasil.

Em primeiro lugar, um maior rigor na exibição de documentos está alinhado com a prática usual brasileira, o que garantiria uma maior segurança jurídica às partes, especialmente as provenientes de jurisdições de direito civil. Os agentes econômicos tomam a decisão de arbitrar baseados em expectativas de como o procedimento se desenrolará. O deferimento de exibição de documentos mais genérica e ampla de certa forma frustra essas expectativas, afetando as estratégias prévias e enfraquecendo a previsibilidade.

Em segundo lugar, por um lado, quanto mais ampla for a produção de documentos, mais cara e demorada será a arbitragem. Isso de *per se* não será negativo, se os documentos solicitados forem realmente necessários para se dirimir a lide. Porém, se a prática se consolidar em produções amplas de documentos, haverá incentivo para condutas oportunistas, com pedidos de prova documental que não se sabe existir, na linha do *fishing expedition* - que provavelmente não levarão a documentos realmente necessários. Nesse cenário, dificilmente o custo superará o benefício.

Em terceiro lugar, por outro lado, uma concessão de novos documentos com viés mais rígido gera o incentivo econômico para que as partes peçam apenas o estritamente material, relevante e necessário, e que justifiquem isso da melhor forma possível. Em outras palavras, cria incentivo para a conduta mais adequada.

Como disse o poeta: *no hay camino. Se hace camino al andar.* Os árbitros, em conjunto com as partes, construirão a prática de produção de prova documental na arbitragem, o que deverá ser feito do modo mais eficiente possível, sem prejuízo dos princípios da ampla defesa, do contraditório e do tratamento igualitário.

VII. ARBITRAGEM E ADMINISTRAÇÃO PÚBLICA

1. Arbitragem na Administração Pública

Desde a edição da Lei nº 9.307/1996 (Lei de Arbitragem), esse instituto tem se tornado o meio preferencial para resolver conflitos econômicos complexos[245]. Nos últimos anos, em vista dessa preferência, verificou-se também um crescimento do debate acerca da sua utilização para alcançar litígios com órgãos da Administração Pública. Afinal, nada mais natural do que tentar entender a adoção desse instrumento para investimentos privados em serviços públicos e atividades econômicas delegadas pelo Estado.

De fato, é possível notar que, desde então, diferentes normas relativas à prestação de serviços públicos ou exploração de atividades econômicas concedidas pela administração incluíram

---

245 Confira-se, a respeito, o compilado anual feito pela Professora Selma Lemes, *"Arbitragem em Números e Valores."* Disponível em: http://selmalemes.adv.br/publicacoes.asp?linguagem=Portugu%EAs&secao=Publica%E7%F5es&subsecao=T%F3picos&acao=Consulta&especificacao=Artigos. Acesso em: 16 set. 2020.

recomendação expressa de uso de arbitragem, como nos casos de i) concessões de serviços públicos (Art. 23 da Lei n° 8.987/1995)[246]; ii) concessões de petróleo (Art. 43, X da Lei n° 9.478/1997)[247]; iii) organização dos serviços de telecomunicações (Art. 93, XV da Lei n° 9.472/1997)[248]; iv) regulação do transporte de carga por terceiros (Art. 19 da Lei n° 11.442/2007)[249] ; v) parcerias público-privadas (Art. 11, III da Lei n° 11.079/2004)[250]; vi) regime de partilha de petróleo (Art. 29, XVIII da Lei n 12.351/2010)[251]; vii) exploração de portos e instalações portuárias (Art. 62,

---

246 Lei n° 8.987/1995, Art. 23-A: "O contrato de concessão poderá prever o emprego de mecanismos privados para resolução de disputas decorrentes ou relacionadas ao contrato, inclusive a arbitragem, a ser realizada no Brasil e em língua portuguesa, nos termos da Lei n° 9.307, de 23 de setembro de 1996". (Incluído pela Lei n° 11.196, de 2005).

247 Lei n° 9.478/1997, Art. 43, X: "O contrato de concessão deverá refletir fielmente as condições do edital e da proposta vencedora e terá como cláusulas essenciais: X - as regras sobre solução de controvérsias, relacionadas com o contrato e sua execução, inclusive a conciliação e a arbitragem internacional".
248 Lei n° 9.472/1997, Art. 93, XV: "O contrato de concessão indicará: XV - o foro e o modo para solução extrajudicial das divergências contratuais".
249 Lei n ° 11.442/2007, Art. 19: "É facultado aos contratantes dirimir seus conflitos recorrendo à arbitragem".

250 Lei n° 11.079/2004, Art. 11: "O instrumento convocatório conterá minuta do contrato, indicará expressamente a submissão da licitação às normas desta Lei e observará, no que couber, os §§ 3° e 4° do art. 15, os arts. 18, 19 e 21 da Lei n° 8.987, de 13 de fevereiro de 1995, podendo ainda prever: III – o emprego dos mecanismos privados de resolução de disputas, inclusive a arbitragem, a ser realizada no Brasil e em língua portuguesa, nos termos da Lei n° 9.307, de 23 de setembro de 1996, para dirimir conflitos decorrentes ou relacionados ao contrato".

251 Lei n° 12.351/2010, Art. 29, XVIII: "São cláusulas essenciais do contrato de partilha de produção: XVIII - as regras sobre solução de controvérsias, que poderão prever conciliação e arbitragem".

§ 1º da Lei nº 12.815/2013)[252]; viii) regime diferenciado de contratações públicas (Art. 44-A da Lei nº 13.190/2015)[253]; ix) Lei de Prorrogação e Relicitação dos Contratos de Parceria (Art. 31 da Lei nº 13.448/2017)[254]; (x) Lei nº 13.867/2019, que alterou o Decreto-Lei nº 3.365/41, relativo ao procedimento de desapropriação por utilidade pública para autorizar, dentre outras medidas, que valores de indenização sejam definidos mediante mediação e/ou arbitragem (Art. 10-B da Lei nº 13.876/2019) xi) Lei de Saneamento Básico (art. 10-A da Lei nº 11.445/2007, inserido pela Lei nº14.026/2020)[255]; e

---

252 Lei nº 12.815/2013, Art. 62, § 1º: "O inadimplemento, pelas concessionárias, arrendatárias, autorizatárias e operadoras portuárias no recolhimento de tarifas portuárias e outras obrigações financeiras perante a administração do porto e a Antaq, assim declarado em decisão final, impossibilita a inadimplente de celebrar ou prorrogar contratos de concessão e arrendamento, bem como obter novas autorizações. § 1º Para dirimir litígios relativos aos débitos a que se refere o caput, poderá ser utilizada a arbitragem, nos termos da Lei nº 9.307, de 23 de setembro de 1996. (Regulamento)".

253 Lei nº 13.190/2015, Art. 44-A: "Nos contratos regidos por esta Lei, poderá ser admitido o emprego dos mecanismos privados de resolução de disputas, inclusive a arbitragem, a ser realizada no Brasil e em língua portuguesa, nos termos da Lei nº 9.307, de 23 de setembro de 1996, e a mediação, para dirimir conflitos decorrentes da sua execução ou a ela relacionados".

254 Lei nº 13.448/2017, Art. 31: "As controvérsias surgidas em decorrência dos contratos nos setores de que trata esta Lei após decisão definitiva da autoridade competente, no que se refere aos direitos patrimoniais disponíveis, podem ser submetidas a arbitragem ou a outros mecanismos alternativos de solução de controvérsias".

255 Lei nº 11.445, "Art. 10-A., § 1º Os contratos que envolvem a prestação dos serviços públicos de saneamento básico poderão prever mecanismos privados para resolução de disputas decorrentes do contrato ou a ele relacionadas, inclusive a arbitragem, a ser realizada no Brasil e em língua portuguesa, nos termos da Lei nº 9.307, de 23 de setembro de 1996".

xii) Lei de Licitações (arts. 151 a 154 da Lei nº 14.133/2021)[256].

Estamos diante de um processo constante de amadurecimento da arbitragem na Administração Pública. Porém, tal como a infância e adolescência afetam significantemente a vida adulta, a fase atual é decisiva para o efetivo sucesso do uso da via arbitral em litígios com entes públicos.

Uma das questões mais tormentosas a esse respeito refere-se à arbitrabilidade — i.e. capacidade de se submeter litígio a arbitragem —, tanto de forma subjetiva (quem pode contratar) quanto objetiva (o que pode ser resolvido por esse método)[257] (**2**). Outra

---

256 Lei nº 14.133/2021, Art. 151. "Nas contratações regidas por esta Lei, poderão ser utilizados meios alternativos de prevenção e resolução de controvérsias, notadamente a conciliação, a mediação, o comitê de resolução de disputas e a arbitragem.
Parágrafo único. Será aplicado o disposto no caput deste artigo às controvérsias relacionadas a direitos patrimoniais disponíveis, como as questões relacionadas ao restabelecimento do equilíbrio econômico-financeiro do contrato, ao inadimplemento de obrigações contratuais por quaisquer das partes e ao cálculo de indenizações.
Art. 152. A arbitragem será sempre de direito e observará o princípio da publicidade.
Art. 153. Os contratos poderão ser aditados para permitir a adoção dos meios alternativos de resolução de controvérsias.
Art. 154.O processo de escolha dos árbitros, dos colegiados arbitrais e dos comitês de resolução de disputas observará critérios isonômicos, técnicos e transparentes."
257 CAHALI, F. J. Curso de Arbitragem. 1. ed. São Paulo: *Revista dos*

questão relevante atine à necessidade de respeito pela Administração Pública do princípio da competência-competência, segundo o qual qualquer questão relativa à validade, eficácia ou escopo da cláusula compromissória deverá ser julgada primeiramente na jurisdição arbitral, sem interferência, enquanto o procedimento estiver em curso, do Poder Judiciário (**3**). Além disso, como a arbitragem é, pelo menos em momentos iniciais, mais cara do que o processo judicial, surgem questões sobre os custos e despesas (**4**). Cabe analisar também como certas peculiaridades da Administração Pública influenciam a escolha de regras e entidade administradora (**5**), bem como de árbitro (**6**). De mais a mais, nos atos da Administração Pública impera o princípio da publicidade, o que deve ser sopesado com o fato de arbitragem ser procedimento privado, podendo conter informações sensíveis (**7**). Apesar das dificuldades, urge desenvolver o uso de arbitragem nas questões envolvendo a Administração Pública, considerando a relevância do Estado para a economia brasileira[258] (**8**).

Tribunais, p. 91-92, 2011.

258 Nesse sentido, evidencia-se a relevância da Administração Pública na economia uma vez que, entre 2000 e 2013, o consumo da Administração Pública como proporção do Produto Interno Bruto (PIB) avançou de 19,2% para 22% (Disponível em: http://www3.fenabrave.org.br:8082/plus/modulos/noticias/ler.php?cdnoticia=3399&cdcategoria=1&layout=noticias. Acesso em: 28 abr. 2020).

2. Arbitrabilidade Subjetiva e Objetiva

Do ponto de vista subjetivo, há de se ressaltar o *leading case* do Supremo Tribunal Federal (STF) da década de 1970, conhecido como *Caso Lage*[259], o qual reconheceu inexistir proibição de *per se* para que pessoa de direito público participe de arbitragem[260].

No *Caso Lage*, se admitiu a submissão da União Federal à jurisdição arbitral para direitos patrimoniais disponíveis, mais especificamente, quanto à indenização por desapropriação.

Outrossim, diversos julgados ratificam, ainda, o entendimento acima esboçado, como no caso *AES Uruguaiana versus CEEE*, que deu origem a dois acórdãos unânimes sobre tal matéria no Superior

---

259 STF, AI nº 52.181-GB, Relator Ministro Bilac Pinto, Tribunal Pleno, j. em 14/11/1973.

260 Nesse caso, a União Federal incorporou ao seu patrimônio bens de Henrique Lage durante a Segunda Guerra Mundial. Surgiu controvérsia sobre o valor da indenização devida e, com base em autorização legal específica (Decreto-Lei nº 9.521/1946), a questão foi levada a arbitragem. Após a prolação do laudo arbitral, a União Federal impugnou a decisão, por suposta inconstitucionalidade. Ao final de um contencioso de quase três décadas, o STF confirmou a constitucionalidade da submissão da União Federal ao juízo arbitral. Ratificando esse posicionamento, confira-se, por exemplo: STJ, MS nº 11.308/DF,Relator Ministro Luiz Fux, Primeira Seção, j. em 09/04/2008; STJ, REsp nº 904.813/PR,Relator Ministra Nancy Andrighi, Terceira Turma, j. em 20.10.2011; STJ, REsp nº 606.345/RS,Relator Ministro João Otávio de Noronha, Segunda Turma, j. em 17/5/2007.

Tribunal de Justiça (STJ), quais sejam, REsp nº
612.439/RS[261] e REsp nº 606.345/RS[262].

Contudo, em posição minoritária, alguns
ilustres autores[263] entendiam depender a participação
de entes públicos na arbitragem de autorização legal

---

261 "PROCESSO CIVIL. JUÍZO ARBITRAL. CLÁUSULA
COMPROMISSÓRIA. EXTINÇÃO DO PROCESSO. ART. 267, VII, DO CPC.
SOCIEDADE DE ECONOMIA MISTA. DIREITOS DISPONÍVEIS.
EXTINÇÃO DA AÇÃO CAUTELAR PREPARATÓRIA POR
INOBSERVÂNCIA DO PRAZO LEGAL PARA A PROPOSIÇÃO DA AÇÃO
PRINCIPAL.1. Cláusula compromissória é o ato por meio do qual as partes
contratantes formalizam seu desejo de submeter à arbitragem eventuais
divergências ou litígios passíveis de ocorrer ao longo da execução da avença.
Efetuado o ajuste, que só pode ocorrer em hipóteses envolvendo direitos
disponíveis, ficam os contratantes vinculados à solução extrajudicial da
pendência. 2. A eleição da cláusula compromissória é causa de extinção do
processo sem julgamento do mérito, nos termos do art. 267, inciso VII, do
Código de Processo Civil. 3. São válidos e eficazes os contratos firmados pelas
sociedades de economia mista exploradoras de atividade econômica de produção
ou comercialização de bens ou de prestação de serviços (CF, art. 173, § 1º) que
estipulem cláusula compromissória submetendo à arbitragem eventuais litígios
decorrentes do ajuste. 4. Recurso especial parcialmente provido". (STJ, REsp nº
612.439/RS, Relator Ministro João Otávio de Noronha, Segunda Turma, j. em
25/10/2005).
262 "PROCESSO CIVIL. JUÍZO ARBITRAL. CLÁUSULA
COMPROMISSÓRIA. EXTINÇÃO DO PROCESSO. ART. 267, VII, DO CPC.
SOCIEDADE DE ECONOMIA MISTA. DIREITOS DISPONÍVEIS. 1. Cláusula
compromissória é o ato por meio do qual as partes contratantes formalizam seu
desejo de submeter à arbitragem eventuais divergências ou litígios passíveis de
ocorrer ao longo da execução da avença. Efetuado o ajuste, que só pode ocorrer
em hipóteses envolvendo direitos disponíveis, ficam os contratantes vinculados à
solução extrajudicial da pendência. 2. A eleição da cláusula compromissória é
causa de extinção do processo sem julgamento do mérito, nos termos do art. 267,
inciso VII, do Código de Processo Civil. 3. São válidos e eficazes os contratos
firmados pelas sociedades de economia mista exploradoras de atividade
econômica de produção ou comercialização de bens ou de prestação de serviços
(CF, art. 173, § 1º) que estipulem cláusula compromissória submetendo à
arbitragem eventuais litígios decorrentes do ajuste. 4. Recurso especial provido".
(STJ, REsp nº 606.345/RS, Relator Ministro João Otávio de Noronha, Segunda
Turma, j. em 17/5/2007).
263 BARROSO, L. R. Sociedade de Economia Mista Prestado de Serviço
Público. Cláusula Arbitral Inserida em Contrato Administrativo sem Prévia
Autorização Legal. Invalidade. In: Temas de Direito Constitucional, Tomo II,
Rio de Janeiro: Renovar, 2003, p. 615-616.

específica (a qual existia no *Caso Lage*), em vista do princípio da legalidade[264].

---

264 De todo modo, verificava-se uma tendência em favor da arbitragem mesmo quando inexistia autorização legal expressa, como de observa em: LEMES, S. M. F. *Arbitragem na Administração Pública: fundamentos jurídicos e eficiência econômica.* São Paulo: Quartier Latin, 2007.
CÂMARA, J. A. O cabimento da arbitragem nos contratos administrativos. *Revista de Direito Administrativo*, v. 248, p. 117-126, 2008
WALD, A.; SERRÃO, A. Aspectos constitucionais e administrativos da arbitragem nas concessões. *Revista de Arbitragem e Mediação*, São Paulo, v. 5, n. 16, jan./mar. 2008.
FERREIRA NETTO, C. T. *Contratos administrativos e arbitragem.* Rio de Janeiro: Elsevier, 2008.
FERRAZ, R. *Arbitragem em litígios comerciais com a Administração Pública*: exame a partir da principialização do Direito Administrativo. Porto Alegre: Sergio Antonio Fabris (Editor), 2008;
SALLA, R. M. Arbitragem e Direito Público. *Revista Brasileira de Arbitragem*, v. 22, 2009.
CALMON, E. A arbitragem e o Poder Público. *Revista de Arbitragem e Mediação*, v. 7, n. 24, p. 9-16, jan./mar. 2010.
TIBURCIO, C. A arbitragem como meio de solução de litígios comerciais internacionais envolvendo o petróleo e uma breve análise da cláusula arbitral da sétima rodada de licitações da ANP. *Revista de Arbitragem e Mediação*, v. 3, n. 9, p. 78-98, abr./jun. 2006,.
TIBURCIO, C. A arbitragem envolvendo a Administração Pública. *Revista da Faculdade de Direito da UERJ*, v. 18, 2010.
TIMM, L. B.; SILVA, T. Os Contratos Administrativos e a Arbitragem. *Revista Brasileira de Arbitragem*, v. 29, 2011.
SALLES, C. A. Arbitragem em contratos administrativos. Rio de Janeiro, Forense, 2011.
AMARAL, P. O. *Arbitragem e Administração Pública.* Belo Horizonte: Fórum, 2012.
CASTRO, S. P. P.. A arbitragem e a administração pública: pontos polêmicos. *In*: BATISTA JR. O. A.; CASTRO, S. P. P (Coord.). *Tendências e perspectivas do Direito Administrativo: uma visão da escola mineira.* Belo Horizonte: Fórum, 2012.
MONTEIRO, A. L. M. R. Administração pública consensual e a arbitragem. *Revista de Arbitragem e Mediação*, v. 35, 2012.
BACELLAR FILHO, R. O Direito Administrativo, a arbitragem e a mediação. *Revista de Arbitragem e Mediação*, v. 32, 2012.
RIBEIRO, D. A. G. Arbitragem e Poder Público. *Revista Brasileira de Infraestrutura*, v. 3, 2013. JUSTEN FILHO, M. Curso de direito administrativo. 10. ed. São Paulo: Revista dos Tribunais, p. 819, 2014.
Em sentido contrário, parte da doutrina, ainda que favorável à arbitrabilidade de conflitos envolvendo a Administração Pública - em se tratando de disputas que versem sobre direitos disponíveis e patrimoniais, entende-se que é imprescindível à existência de autorização legal expressa para que possa ser celebrada convenção de arbitragem entre as partes. Nesse sentido: BARROSO, L. R. Temas de Direito Constitucional, v. II. Rio de Janeiro: Renovar, 2003, p. 614.
ROCHA, F. A. D. Regime Jurídico dos Contratos da Administração. Brasília: Imprenta, Brasília Jurídica, 2000. GOMES, Carlos Afonso Rodrigues. *Do Juízo*

A Reforma da Lei de Arbitragem deu fim à discussão, em vista do surgimento de permissivo expresso inserido no Art. 1º, § 1º, da Lei nº 13.129/2015, com a seguinte redação: "[...] a Administração Pública direta e indireta poderá utilizar-se da arbitragem para dirimir conflitos relativos a direitos patrimoniais disponíveis"[265].

Essa autorização legal sepultou as dúvidas sobre arbitrabilidade subjetiva e abriu as portas para tanto a União Federal (Decreto nº 10.025/2019), bem como para diversos estados como São Paulo[266] e Rio de Janeiro[267] regulamentarem a arbitragem na administração pública. No mesmo movimento, conforme demonstrado, diversas legislações regulamentando atividades que envolvam direta ou

---

Arbitral e a Administração Pública. Conteudo Juridico, Brasilia-DF: 19 dez 2012. Disponivel em: https://conteudojuridico.com.br/consulta/Artigos/33079/do-juizo-arbitral-e-a-administracao-publica. Acesso em: 16 set 2022.

265 Lei nº 9.307/2016, Art. 1º, § 1º "A Administração Pública direta e indireta poderá utilizar-se da arbitragem para dirimir conflitos relativos a direitos patrimoniais disponíveis decorrentes de contratos por ela celebrados, desde que previsto no edital ou nos contratos da administração, nos termos do regulamento".

266 Decreto nº 64.356/2019, do Estado de São Paulo.
267 Decreto nº 46.245/2018, do Estado do Rio de Janeiro.

indiretamente a administração pública incluíram a previsão de arbitragem para a solução de conflitos.

O ponto de vista objetivo, por sua vez, refere-se justamente ao fato de que pessoas jurídicas de direito público lidam com interesse público, o qual pode ser considerado indisponível e, portanto, não arbitrável[268]. Assim, a questão da arbitrabilidade em litígios envolvendo entes estatais gira em torno da correta delimitação do princípio da indisponibilidade do interesse público[269].

A esse respeito, há um consenso doutrinário de que nem todo o ato praticado por ente estatal visa a

268 O princípio da indisponibilidade do princípio público é assim definido por Celso Antonio Bandeira de Mello "[...] significa que sendo interesses qualificados como próprios da coletividade — internos ao setor público — não se encontram à livre disposição de quem quer que seja, por inapropriáveis. O próprio órgão administrativo que os representa não tem disponibilidade sobre eles, no sentido de que lhe incumbe apenas curá-los – o que é também um dever – na estrita conformidade do que dispuser a intentio legis". (*apud* DI PIETRO, M. S. Z. *Direito Administrativo*. 23. ed. São Paulo: Atlas, 2010. p. 66).

269 Esse princípio é assim explicado por Diogo de Figueiredo Moreira Neto: "Certos interesses, porém, são considerados de tal forma relevantes para a segurança e o bem-estar da sociedade que o ordenamento jurídico os destaca, os define e comete ao Estado satisfazê-los sob regime próprio: são os interesses públicos. (...) A indisponibilidade absoluta é regra, pois os interesses públicos, referidos às sociedades, como um todo, não podem ser negociados senão pelas vias políticas de estrita previsão constitucional". (MOREIRA NETO, D. F. Arbitragem em Contratos Administrativos, *Revista de Direito Administrativo*, v. 209, p. 87, 1997).

um interesse público. Nesse sentido, a doutrina administrativista clássica diferencia "atos de império" (*ius imperium*) de "atos de gestão" (*ius gestionis*). Os primeiros seriam praticados por entes estatais com supremacia sobre as demais partes. Nos atos de gestão, por sua vez, o Estado estaria no mesmo patamar das demais partes[270]. A doutrina administrativista mais moderna tende a criticar essa visão, uma vez que, como aponta Celso Antonio Bandeira de Mello, ela tende a isentar a responsabilidade do Estado nos atos de império[271].

Igualmente clássica, é a Teoria dos Fins, segundo a qual certos atos da Administração Pública dirigem-se à consecução de finalidades primárias do Estado, ao passo que outros desempenham funções meramente instrumentais. A segurança externa, por exemplo, seria um dos fins primários do Estado; a compra de alimentos para as refeições dos membros

---

270 MEIRELLES, H. L. *Direito Administrativo Brasileiro*. 21. ed. São Paulo: Malheiros, 1996, p. 148.

271 "Essa velha distinção está em desuso desde o final do século passado por imprecisa, inexata e haver perdido a sua função primordial (excluir responsabilidade do Estado pela prática dos primeiros [atos de império] e admiti-la para os segundos [atos de gestão]). De acordo com a antiga concepção, só os primeiros seriam verdadeiramente atos administrativos". (MELLO, C. A. B. *Curso de direito administrativo*. 26. ed. São Paulo: Malheiros 2008. p. 429).

das Forças Armadas, porém, representaria ato acessório para se lograr um fim primário. A Teoria dos Fins, portanto, é fundamental para que seja possível determinar se certo interesse da Administração Pública se enquadra como disponível ou não[272].

Aplicando a Teoria dos Fins para o âmbito da arbitragem, por um lado os direitos e interesses relativos a finalidades primárias do Estado seriam indisponíveis e, portanto, inarbitráveis; por outro, os atos concernentes a funções instrumentais, mesmo que efetuados por pessoas jurídicas de direito público, concerniriam direitos disponíveis e transacionáveis. Dentre esses, incluem-se a exploração de atividades econômicas por entes estatais[273].

272 Por essa doutrina, defendida, entre nós, por Diogo de Figueiredo Moreira Neto, há que se distinguir entre interesses *primários* e os *secundários* da Administração Pública — sendo que estes últimos, por possuírem expressão meramente patrimonial, seriam disponíveis e, portanto, poderiam ser discutidos em arbitragem: "[...] a teoria dos fins, distinguido simplesmente os primários e secundários, parece ainda a mais indicada para definir a existência ou não da disponibilidade administrativa de interesses e de seus correlatos direitos, seja por parte do Estado ou de seus delegados". (MOREIRA NETO, D. F. Arbitragem nos contratos administrativos. *Revista de Direito Administrativo*, v. 209, 1997, p. 213). (ANDRADE, G. Algumas Reflexões sobre as Arbitragens e as Regras da Câmara de Comercialização de Energia - CCEE. *Revista de Direito da Procuradoria Geral*, Rio de Janeiro, v. 9, p. 94, 2013).
273 Vale transcrever o entendimento de Diogo de Figueiredo Moreira Neto a este respeito: "[A] teoria dos fins, distinguindo simplesmente os primários dos secundários, parece ainda a mais indicada para definir a existência ou não da disponibilidade administrativa de interesses e de seus correlatos direitos seja por

Mesmo se aplicada essa linha de raciocínio mais conservadora, entendo que compete ao árbitro e não ao Poder Público reconhecer um ato como de interesse público primário ou secundário, ou como ato de império ou de gestão, para fins de se determinar sua arbitrabilidade. Isso decorre do reconhecimento do princípio *Kompetenz-Kompetenz* no âmbito do Art. 8º, parágrafo único, da Lei de Arbitragem[274]. Dessa sorte, depreende-se que o árbitro tem competência para decidir sobre sua jurisdição e, portanto, sobre a arbitrabilidade objetiva e subjetiva[275].

---

parte do Estado ou de seus delegados. São disponíveis, nesta linha, todos os interesses e direitos deles derivados que tenham expressão patrimonial, ou seja, que possam ser quantificados monetariamente, e estejam no comércio, e que são, por esse motivo, e normalmente, objeto de contratação que vise a dotar a Administração ou seus delegados, dos meios instrumentais, de modo a que estejam em condições de satisfazer os interesses finalísticos que justificam o próprio Estado". (MOREIRA NETO, D. F. Arbitragem em Contratos Administrativos. *Revista de Direito Administrativo*, v. 209, p. 85, 1997).

274 Lei nº 9.307/1996, Art. 8º, § único. "Caberá ao árbitro decidir de ofício, ou por provocação das partes, as questões acerca da existência, validade e eficácia da convenção de arbitragem e do contrato que contenha a cláusula compromissória".

275 Nesse sentido, a jurisprudência reconhece a aplicação do princípio competência-competência inclusive quando a Administração Pública está envolvida, por exemplo: "PROCESSUAL CIVIL E ADMINISTRATIVO. CONFLITO DE COMPETÊNCIA COM PEDIDO DE MEDIDA LIMINAR. CONTRATO ENTRE ANP E PETROBRAS COM CLÁUSULA COMPROMISSÓRIA PADRÃO ESTABELECENDO A AUTUAÇÃO DE JUÍZO ARBITRAL EM CASO DE CONFLITO. ALTERAÇÃO UNILATERAL QUE SE MOSTRA PRIMA FACIE DESCABIDA. DECISÕES PROFERIDAS PELO JUÍZO ESTATAL DO RIO DE JANEIRO E PELO JUÍZO ARBITRAL. PREENCHIDOS OS REQUISITOS AUTORIZADORES DA CONCESSÃO DE LIMINAR. LIMINAR CONCEDIDA. [...] 13. Cinge-se a controvérsia acerca da definição da competência para apreciar questões atinentes à existência, à validade

Assim, não basta o Poder Público classificar a matéria como interesse público primário ou como ato de império para que o conflito dela decorrente torne-se inarbitrável. Cabe ao árbitro desconsiderar a qualificação que o Poder Público atribuiu ao seu ato e verificar se, no cerne, atine interesse primário ou secundário, ato de império ou de gestão. Caso contrário, haveria desequilíbrio entre as partes, pois o Poder Público poderia, ao fim e ao cabo, à sua faculdade, gerar a inarbitrabilidade de seu ato para se beneficiar. Há, inclusive, um precedente interessante do STJ, no caso NUCLEBRÁS, que permitiu submissão à arbitragem de litígio sobre arrendamento de terminal portuário, embora envolvesse Portaria do

e à eficácia de cláusula compromissória de contrato estabelecido entre a PETRÓLEO BRASILEIRO S/A PETROBRAS e a AGÊNCIA NACIONAL DO PETRÓLEO, GÁS NATURAL E BIOCOMBUSTÍVEIS - ANP. [...] 17. Conforme ressaltado no voto condutor da Relatora, Ministra NANCY ANDRIGHI, no julgado acima transcrito, *'a promulgação da Lei nº 9.307/96 torna indispensável que se preserve, na maior medida possível, a autoridade do árbitro como juiz de fato e de direito para as questões ligadas ao mérito da causa. Negar tal providência esvaziaria o conteúdo da Lei de Arbitragem, permitindo que, simultaneamente, o mesmo direito seja apreciado, ainda que em cognição perfunctória, pelo juízo estatal e pelo juízo arbitral, muitas vezes com sérias possibilidades de interpretações conflitantes para os mesmos fatos'.* 19. Ante o exposto, e dada a excepcionalidade desta demanda, CONCEDE-SE a liminar pleiteada, para atribuir, provisoriamente, competência ao TRIBUNAL ARBITRAL DA CORTE INTERNACIONAL DE ARBITRAGEM DA CÂMARA DE COMÉRCIO INTERNACIONAL/CCI, paralisando, até o julgamento deste Conflito de Competência, no que tange às medidas ou providências de natureza emergencial, urgente ou acauteladora". (STJ, CC nº 139.519/RJ,Relator Ministro Napoleão Nunes Maia Filho, Primeira Seção, j. em 09/7/2015).

Ministério da Ciência e Tecnologia rescindindo o contrato[276].

Urge-se, ainda, de se interpretar amplamente, ou mesmo em alguns casos aceitar de plano, a arbitrabilidade de litígios, quando existe legislação específica autorizando arbitragem para aquela atividade envolvendo entes públicos. Apenas hipóteses excepcionalíssimas podem gerar a não-arbitrabilidade em situações nas quais há permissivo legal, pois a autorização do legislador já descortina que, em regra, as matérias contratadas mostram-se arbitráveis.

É interessante notar, também, que algumas matérias relativas a contratos com a Administração Pública são intrinsecamente de direito material disponível e, portanto, arbitráveis. Nesse sentido, a I Jornada de Prevenção e Solução Extrajudicial de Litígios do Conselho Federal de Justiça concluiu em enunciado que "[...] podem ser objeto de arbitragem

---

276 STJ, AgRg no MS nº 11.308/DF, Relator Ministro Luiz Fux, Primeira Seção, j. em 28/ 6/2006.

relacionada à Administração Pública, dentre outros, litígios relativos: I – a inadimplemento de obrigações contratuais por qualquer das partes; II – a recomposição do equilíbrio econômico-financeiro dos contratos, cláusulas financeiras e econômicas"[277]. Na mesma linha, a Lei de Licitações menciona como direitos disponíveis "[...] questões relacionadas ao restabelecimento do equilíbrio econômico-financeiro do contrato, ao inadimplemento de obrigações contratuais por quaisquer das partes e ao cálculo de indenizações"[278].

Sintetizando esse ponto de vista, diante do princípio da indisponibilidade do interesse público, conforme exposto acima, alguns doutrinadores entendem que os conflitos relacionados a interesses públicos primários não podem ser resolvidos por arbitragem. Contudo, nada impede que litígios decorrentes de interesses secundários, especialmente aqueles em que o Estado explora atividades econômicas típicas da iniciativa privada, bem como a

---

277 I Jornada de Prevenção e Solução Extrajudicial de Litígios do Conselho Federal de Justiça, Enunciado No 13.
278 Art. 151,parágrafo único, da Lei nº 14.133/21.

recomposição econômico-financeira do contrato, sejam submetidos à arbitragem[279].

A utilização da Teoria dos Fins para determinar a arbitrabilidade sofre merecidas críticas pela dificuldade de operacionalização do critério. Por exemplo, se o Estado está atuando, existe no mínimo um resquício de interesse primário; por outro lado, para alcançar um interesse primário, ele precisará de atividades acessórias[280].

Uma visão mais moderna e permissiva está se fortalecendo; de acordo com ela, a necessidade do recurso ao Judiciário para a resolução da disputa seria o critério mais relevante para a determinação da arbitrabilidade de uma disputa. Nesse sentido, sempre

---

279 A esse respeito, Caio Tácito aduz o seguinte: "Na medida em que é permitida à Administração Pública, em diversos órgãos e organizações, pactuar relações com terceiros, especialmente mediante a estipulação de cláusulas financeiras, a solução amigável é fórmula substitutiva do dever primário de cumprimento da obrigação assumida. Assim como é lícita, nos termos do contrato, a execução espontânea da obrigação, a negociação – e, por via de consequência, a convenção de arbitragem será meio adequado de tornar efetivo o cumprimento obrigacional, quando compatível com a disponibilidade de bens". (TÁCITO, C. Arbitragem nos Litígios Administrativos. *Revista de Direito Administrativo*, v. 210, out./dez., p. 114,)1997.

280 Algumas dessas críticas foram compiladas na obra: ACCIOLY, J. P. *Arbitragem em Conflitos com a Administração Pública*. Lumen Juris, Rio de Janeiro, 2019, p. 70-71.

que as partes puderem resolver a controvérsia por acordo entre elas sobre aquela matéria, sem necessidade de intervenção do Judiciário, será arbitrável.

A Lei de Arbitragem, ao adotar o termo direitos "disponíveis", não estaria tratando da acepção de direitos que não podem ser renunciados — até porque, quem não poderia renunciar, muito menos poderia contratar —, mas sim de direitos que não podem ser reconhecidos sem intervenção do Poder Judiciário[281].

---

281 A respeito do tema, vale a lição de Eduardo Talamini: "É possível *então* traçar a seguinte distinção relativamente às duas acepções de 'indisponibilidade' originadas propriamente do direito material: na primeira delas, a 'indisponibilidade' põe-se como vedação à renúncia de um direito existente; na segunda, a 'indisponibilidade' configura-se como proibição de espontaneamente se reconhecer que não se tem razão e se submeter voluntariamente ao direito alheio: apenas a Jurisdição poderá dizer quem tem razão e aplicar as consequências jurídicas cabíveis. Essa hipótese é melhor definida como sendo de 'necessariedade de intervenção jurisdicional'. Reitere-se: apenas a 'indisponibilidade' na primeira dessas duas acepções em regra incide – e dentro de certos limites – sobre as relações de direito público propriamente ditas. Na segunda acepção, a 'indisponibilidade' é excepcional inclusive no âmbito do direito público. Limita-se, no direito público e no direito privado, a casos específicos, tais como aqueles mencionados no tópico 4, acima. O princípio geral – repita-se – é o de que o Poder Público tem o dever de cumprir obrigações e respeitar direitos alheios independentemente de intervenção jurisdicional. E é apenas essa segunda acepção da "indisponibilidade" que tem relevo para a aferição do cabimento da arbitragem. Cabe a arbitragem sempre que a matéria envolvida possa ser resolvida pelas próprias partes, independentemente de ingresso em Juízo. Se o conflito entre o particular e a Administração Pública é eminentemente patrimonial e se ele versa sobre matéria que poderia ser solucionada diretamente entre as partes, sem que se fizesse necessária a intervenção jurisdicional, então a arbitragem é cabível. Se o conflito pode ser dirimido pelas próprias partes, não faria sentido que não pudesse também ser composto mediante juízo arbitral sob o pálio das garantias do devido processo.
Esse é o significado da regra do art. 1º da Lei nº 9.307/1996, quando alude ao cabimento da arbitragem 'para dirimir direitos patrimoniais disponíveis'.

Assim, o obstáculo à arbitrabilidade das disputas não residiria na natureza dos direitos envolvidos, mas na compatibilidade do meio processual adotado com o pedido[282]. Vale dizer que, se o pedido puder ser resolvido pelas partes sem necessidade de envolvimento do Poder Judiciário, a matéria pode ser objeto de arbitragem.

Uma derivação desse raciocínio aponta que a disponibilidade do direito está imbricada com a capacidade de contratar. A princípio, se a administração pública estabelecer certa obrigação por via contratual, tal obrigação presume-se arbitrável.

Nessa linha, a II Jornada de Prevenção e Solução Extrajudicial de Litígios do CJF concluiu que

TALAMINI, E. Sociedade de Economia Mista. Distribuição de Gás. Disponibilidade de Direitos. Especificidades Técnicas do Objeto Litigioso. Boa-Fé e Moralidade Administrativa. *Revista Brasileira de Arbitragem*, v. 2, n. 5, p. 135-154, abr./jun. 2005.
282 Vide, nesse sentido: SALLES, C. A. *Arbitragem em Contratos Administrativos*. Rio de Janeiro: Forense, 2011, p. 108

TALAMINI, E. Cabimento de Arbitragem Envolvendo Sociedade de Economia Mista Dedicada à Distribuição de Gás Canalizado. *Revista Brasileira de Arbitragem*, n. 4, p. 44-64, out./dez. 2004.

"[...] a definição de direito patrimonial disponível, consoante o art. 1º, § 1º, da Lei nº. 9.307/1996, para fins de submissão de questões que envolvam a Administração Pública ao procedimento arbitral, deve observar o critério de negociabilidade da matéria objeto de discussão".

O importante precedente do STJ do caso "Parque das Baleias"[283] abraça essa ideia ao rejeitar uma absurda "cautelar antiarbitragem" da Agência Nacional do Petróleo contra procedimento arbitral fundamentada em contrato de concessão, registrando que "[...] sempre que a administração pública contrata há disponibilidade do direito material, podendo, desse modo, se objeto de cláusula arbitral, sem que isso importe em disponibilidade do interesse público"[284].

A exceção da arbitrabilidade em matéria contratual estaria nas hipóteses de que, embora a matéria seja contratável, se houver previsão legal de

---

283 STJ, CC nº 139.519,Relator Ministra Regina Helena Costa, órgão especial, j. em 10.10.2018.
284JUSTEN FILHO, M. Curso de Direito Administrativo. 11. ed. São Paulo: *Revista dos Tribunais*, p. 824-825, 2015.

que eventual disputa a ela relativa deva ser submetida à jurisdição estatal, pois aí a inarbitrabilidade não decorreria da impossibilidade de contratar, mas sim da força de lei. Exemplo disso está no art. 507-A da CLT, que proíbe arbitragem para contratos individuais de trabalho, se a remuneração do trabalhador for inferior a determinada quantia[285].

Contribui para a compreensão da matéria atentar para o conceito da autonomia de cláusula compromissória, insculpida no artigo 8º da Lei de Arbitragem, de acordo com a qual a invalidade do contrato não implica na invalidade da convenção. Leonardo Beraldo explica que "[...] são criadas duas relações jurídicas distintas. A primeira é o contrato no qual as partes entabularam direitos e deveres entre si e a segunda é o dever de instaurar procedimento arbitral para se dirimir as controvérsias do contrato supracitado, dentro dos limites criados pela própria convenção arbitral"[286]. Só se pode contratar algo se o

---

285 Art. 507-A "Nos contratos individuais de trabalho cuja remuneração seja superior a duas vezes o limite máximo estabelecido para os benefícios do Regime Geral de Previdência Social, poderá ser pactuada cláusula compromissória de arbitragem, desde que por iniciativa do empregado ou mediante a sua concordância expressa, nos termos previstos na Lei nº 9.307/1996."
286 BERALDO, R.. *Curso de Arbitragem*. São Paulo: Atlas, 2014, p. 191.

objeto for lícito[287], mas há duas diferentes acepções do termo "objeto" de um contrato, representando tanto o seu conteúdo; ou seja, os seus termos e condições, quanto a sua finalidade[288].

Se a disponibilidade do direito se calcasse na validade ou eficácia de previsão de determinado termo ou condição contratual, inexistiria, então, autonomia da cláusula compromissória. Isso porque a análise da disponibilidade dependeria da análise do mérito da questão. A única interpretação consistente com a autonomia da convenção arbitral — contrato típico do Código Civil —, sob a denominação de "compromisso"[289] —, seria interpretar que o conceito de disponibilidade atine à validade e/ou eficácia de i) celebrar contrato sobre a matéria; e ii) resolver disputas sobre tal matéria fora do Poder Judiciário. O foco deve estar na matéria sob julgamento e não em seu resultado final.

---

287 Art. 104, I, do Código Civil.
288 VENOSA, S. *Direito Civil: Teoria Geral*. 4. ed. São Paulo: Atlas, 1996, p. 273.
289 Arts. 851 a 853, do Código Civil.

E, mesmo pressupondo que determinada decisão da Administração Pública não possa ser questionada, isso não representa *per se* que a consequência patrimonial seja inarbitrável, se for de encontro à previsão de contrato com parte privada. Imagine-se, ilustrativamente, que uma lei torne inviável a consecução de uma determinada obrigação contratual da Administração Pública perante o ente privado. O árbitro não pode obrigar o Estado a fazer o vedado, mas isso não significa que o ente privado não possa, por exemplo, pedir reequilíbrio contratual. Em outras palavras, o recorte da inarbitrabilidade é específico, não genérico.

Em suma, o ponto nodal da arbitrabilidade objetiva reside na possibilidade de i) a matéria ser objeto de negócio jurídico — pois, se puder, o direito é disponível; e ii) inexistir previsão legal de que eventual disputa a ela relativa deva ser submetida à determinada jurisdição, como o Poder Judiciário.

3. *Kompetenz-Kompetenz*

O princípio da *Kompetenz-Kompetenz*, traduzido para o português como "competência-competência", estabelece que o árbitro deve ser o primeiro julgador de sua própria jurisdição[290]. Dessa forma, diante da existência de uma convenção, não caberia ao Poder Judiciário dar a primeira palavra sobre validade, eficácia ou escopo, devendo aguardar a manifestação do tribunal. E, se esse se julgar com jurisdição, o remédio apropriado seria a ação anulatória da sentença arbitral, nos termos do art. 32, II da Lei de Arbitragem, e não qualquer cautelar antiarbitragem (conhecida internacionalmente como *anti-suit injunction*) no curso do procedimento.

O princípio da competência-competência encontra guarida no direito brasileiro nos arts. 8º, parágrafo único,[291] e 20, *caput*[292] da Lei de

---

290 A respeito do conceito e seu desenvolvimento histórico no direito comparado, confira: TALAMINI, Eduardo. Competência-competência e as medidas antiarbitrais pretendidas pela Administração Pública. *Revista de Arbitragem e Mediação*, v. 13, n. 50, p. 127-153, jul./set. 2016.

291 Art. 8º, § único, da Lei de Arbitragem: "Caberá ao árbitro decidir de ofício, ou por provocação das partes, as questões acerca da existência, validade e eficácia da convenção de arbitragem e do contrato que contenha a cláusula compromissória."

292 Art. 20, da Lei de Arbitragem: "A parte que pretender arguir questões relativas à competência, suspeição ou impedimento do árbitro ou dos árbitros, bem como nulidade, invalidade ou ineficácia da convenção de arbitragem, deverá fazê-lo na primeira oportunidade que tiver de se manifestar, após a instituição da arbitragem".

Arbitragem, que atribuem ao árbitro decidir de ofício ou por provocação das partes as questões acerca da existência, validade e eficácia da convenção de arbitragem e do contrato que contenha a cláusula compromissória, além do art. 245, VII, CPC, que obriga o juiz a extinguir o processo diante da existência[293] de convenção arbitral[294].

A jurisprudência do STJ é amplamente favorável à aplicação do princípio da competência-competência[295][296]. Isso não surpreende. O princípio da

___

293 Repita-se o texto legal, "existência", sem referência à validade ou à eficácia, cujas análises seriam jurisdição original do tribunal arbitral.

294 Art. 485, do CPC: "O juiz não resolverá o mérito quando: [...] VII - acolher a alegação de existência de convenção de arbitragem ou quando o juízo arbitral reconhecer sua competência".

295 Confira-se, como exemplo: STJ, REsp nº 1.959.435/RJ,Relator Ministra Nancy Andrighi, Terceira Turma, j. em 30.8.2022; STJ, REsp nº 1.972.512/CE,Relator Ministra Nancy Andrighi, Terceira Turma, j. em 24/5/2022; STJ, AgInt no AREsp nº 1.230.431/SP,Relator Ministro Antonio Carlos Ferreira, Quarta Turma, j. em 23/11/2021; STJ, REsp nº 1.953.212/RJ,Relator Ministra Nancy Andrighi, Terceira Turma, j. em 26/10/2021; STJ, AgInt no REsp nº 1.778.196/RS,Relator Ministro Paulo de Tarso Sanseverino, Terceira Turma, j. em 30/8/2021; STJ AgInt no AREsp nº 1.773.848/SP,Relator Ministro Raul Araújo, Quarta Turma, j. em 7/6/2021; STJ, REsp nº 1.699.855/RS,Relator Ministro Marco Aurélio Bellizze, Terceira Turma, j. em 1/6/2021; STJ, AgInt no AREsp nº 1.276.872/RJ,Relator Ministro Og Fernandes, Segunda Turma, j. em 1/12/2020; STJ, AgInt nos EDcl no AgInt no CC nº 170.233/SP,Relator Ministro Moura Ribeiro, Segunda Seção, j. em 14/10/2020; STJ, AgInt no REsp nº 1.746.049/SP,Relator Ministro Moura Ribeiro, Terceira Turma, j. em 29/6/2020; STJ, REsp nº 1.717.677/PR,Relator Ministra Nancy Andrighi, Terceira Turma, j. em 19/11/2019; STJ, REsp nº 1.598.220/RN,Relator Ministro Paulo de Tarso Sanseverino, Terceira Turma, j. em 25/6/2019; STJ, CC nº 150.830/PA,Relator Ministro Marco Aurélio Bellizze, Segunda Seção, j. em 10/10/2018; STJ, AgInt no CC nº 156.133/BA,Relator Ministro Gurgel De Faria, Primeira Seção, j. em 22/8/2018; STJ,, AgInt no AREsp nº 425.931/MG,Relator Ministro Ricardo Villas Bôas Cueva, Terceira Turma, j. em 15/10/2018; STJ, REsp nº 1.614.070/SP,Relator Ministra Nancy Andrighi, Terceira Turma, j. em 26/6/2018; STJ, AgInt no CC nº 153.498/RJ,Relator Ministro Moura Ribeiro, Segunda Seção, j. em 23/5/2018;

competência-competência é essencial para a viabilidade da arbitragem como instituto, e por isso tem acolhida quase universal[297]. Se não se aplicasse diante de uma convenção arbitral que não fosse inquestionável, a parte requerida poderia começar litígio paralelo no Poder Judiciário, discutindo jurisdição, e a parte requerente acabaria justamente onde nunca desejou estar. As medidas cautelares antiarbitragem são ainda mais perniciosas, isso pois paralisam o procedimento e põem o requerente no pior dos mundos: em processo judicial demorado discutindo apenas jurisdição, enquanto o julgamento do mérito fica parado.

STJ, AgInt no REsp nº 1.239.319/SC,Relator Ministro Raul Araújo, Quarta Turma, j. em 14/3/2017; STJ, REsp nº 1.656.643/RJ,Relator Ministra Nancy Andrighi, Terceira Turma, j. em 09/4/2019.

296 A respeito, vale transcrever trecho de voto esclarecedor da Ministra Nancy Andrighi: "A coexistência de demandas em trâmite na esfera judicial e arbitral, com decisões antagônicas acerca da controvérsia instaurada entre as partes, quando o Tribunal arbitral afirmou ser competente para conduzir o procedimento e possuir jurisdição para decidir o litígio, manifesta situação que se antagoniza com a regra "competência-competência", a qual confere ao árbitro o poder de decidir sobre a própria competência. O questionamento do ESTADO/agravante acerca da validade da sujeição da controvérsia à solução arbitral, com base no caráter indisponível do direito público em disputa, manifesta patente comportamento contraditório, visto que, em um primeiro momento, firmou contrato com previsão de não submeter à jurisdição estatal as ações que envolvem o certame e, em outro momento, no bojo do presente incidente processual - via inadequada para apreciar tais argumentos - alega que os temas atinentes à execução do contrato escapam à jurisdição arbitral (venire contra factum proprium) (AgInt no CC n. 180.394/BA, relator Ministro Gurgel de Faria, Primeira Seção, julgado em 29/3/2022, DJe de 1/4/2022.)."
297 Confira-se, por exemplo, o art. 16 (1) da Lei Modelo da UNCITRAL de Arbitragem, que contempla o princípio.

Esse cenário mostra-se ainda mais desastroso em arbitragens com a Administração Pública, na qual a cláusula compromissória desempenha papel fundamental para garantir à parte privada um foro neutro com perspectiva mais célere de decisão do mérito, considerando que, em regra, ela já sofrerá para auferir o pagamento em si ante às agruras do sistema de precatório. Nesse contexto, a propositura de cautelares antiarbitragem por entidade estatal, quando tiver firmado contrato com cláusula compromissória, representa ato de má-fé. Assim, não se questiona que, em determinadas circunstâncias, a Administração Pública possa duvidar, por exemplo, da arbitrabilidade subjetiva da matéria, mas que então respeite o princípio da competência-competência e submeta a questão primeiramente à arbitragem. Não pode o ente estatal simplesmente rasgar a cláusula arbitral do contrato que assinou e passar por cima das regras do jogo.

4. Custas e honorários

Como os membros da Administração Pública estão adstritos a restrições financeiras de cunho orçamentário, podem surgir questões relativas à capacidade destes em pagar as despesas relacionadas aos procedimentos, tais como custas das entidades administradoras e os honorários dos árbitros.

Conforme Art. 39, caput e § único da Lei nº 6.830/1980298 e Art. 4º, I da Lei nº 9.289/1996299, os entes da Administração Pública não estão sujeitos ao pagamento das custas e despesas judiciais, devendo, apenas se vencidos, ressarcir as despesas da parte contrária. Por serem específicas de processos judiciais, essas regras não se aplicam à arbitragem. Contudo, entes estatais têm, em geral, seguido o espírito dessa regra ao regulamentar o procedimento aplicável.

---

298 Lei nº 6.830/1980, Art. 39, *caput* e § único: "A Fazenda Pública não está sujeita ao pagamento de custas e emolumentos. A prática dos atos judiciais de seu interesse independerá de preparo ou de prévio depósito. Parágrafo Único - Se vencida, a Fazenda Pública ressarcirá o valor das despesas feitas pela parte contrária.".
299 Lei nº 9.289/1996, Art. 4º, I: "São isentos de pagamento de custas: I - a União, os Estados, os Municípios, os Territórios Federais, o Distrito Federal e as respectivas autarquias e fundações".

Existem, atualmente, três possíveis soluções quanto ao pagamento de custas: a primeira modalidade consiste no adiantamento pela parte requerente, adotada no Decreto nº 64.356/2019 do Estado de São Paulo300. Como, na prática, os entes privados figuram como requerentes com maior frequência, essa engenhosa regra mira a beneficiar a Administração Pública. Assim, entendemos que não há problema nesta divisão, por partir de uma regra geral, semelhante à adotada pelo Poder Judiciário, em que as custas são pagas geralmente pelo autor.

A segunda solução, adotada pela Lei de PPPs (Art. 31, 2º da Lei nº 13.448/2017)301 e a pela Lei Mineira da Arbitragem (Lei Estadual nº 19.477/2011),302, estabelece que as custas e despesas relativas à arbitragem serão antecipadas pelo parceiro privado, independentemente da parte que iniciou o

---

300 Decreto nº 64.356/19 do Estado de São Paulo, Art. 4º, § 1º, item 5: § 1º As convenções de arbitragem deverão conter os seguintes elementos: [...] 5. o adiantamento das despesas pelo requerente da arbitragem;".
301 Lei nº 13.448/2017, Art. 31, § 2º: "As custas e despesas relativas ao procedimento arbitral, quando instaurado, serão antecipadas pelo parceiro privado e, quando for o caso, serão restituídas conforme posterior deliberação final em instância arbitral."
302 Lei nº 19.477/2011 do Estado de Minas Gerais, Art. 11, § único: "As despesas a que se refere o *caput* deste artigo serão adiantadas pelo contratado quando da instauração do procedimento arbitral".

procedimento arbitral. Isso gera uma significativa clivagem entre Administração Pública e o ente privado.

Essa segunda opção gera um incentivo econômico para o ente privado não litigue com Administração Pública, tendendo a buscar uma transação. Todavia, trata-se de acordo fomentado pela disparidade de armas e por uma pressão econômica do Estado, o que está longe de ser o ideal. A nosso ver, as regras que o obrigam a adiantar as custas mesmo se estiver no polo passivo ferem frontalmente o princípio da igualdade das partes303, alicerce de qualquer processo, inclusive o arbitral.

A terceira solução mostra-se ainda mais preocupante. Nos temos do Art. 3º, VII do Decreto Presidencial nº 8.465/2015304, a parte privada deve adiantar não apenas as custas com a câmara e árbitros,

---

303 Art. 21, § 2º, da Lei de Arbitragem: "Serão, sempre, respeitados no procedimento arbitral os princípios do contraditório, da igualdade das partes, da imparcialidade do árbitro e de seu livre convencimento".
304 Decreto Presidencial nº 8.465/2015, Art. 3º, VII: "A arbitragem de que trata este Decreto observará as seguintes condições: [...] VII - as despesas com a realização da arbitragem serão adiantadas pelo contratado quando da instauração do procedimento arbitral, incluídos os honorários dos árbitros, eventuais custos de perícias e demais despesas com o procedimento".

mas também com perícias e quaisquer outras despesas do procedimento.

Novamente, põe-se em xeque a igualdade entre as partes. E, desta vez, de forma ainda mais sensível, pois a Administração Pública pode requerer determinada prova que não seja de interesse do ente privado e repassar a ele o custo correspondente.

Se o ente privado se recusar a pagar, poderiam os árbitros impor adverse inference305, presumindo

---

305 Trata-se da inferência pelo Tribunal Arbitral de que determinada prova que deixou de ser produzida por uma das partes seria a ela desfavorável. Em outras palavras, a *adverse inference* representa a presunção de veracidade pelo(s) árbitro(s) dos fatos trazidos pela parte que requereu a produção de certa prova que não foi devidamente apresentada pela outra parte. Vide comentário que se segue: "[...] a recusa da parte em apresentar os documentos requeridos pela outra parte tem como consequência uma 'inferência negativa' por parte dos árbitros. O tribunal arbitral interpretará que a recusa em apresentar os documentos fundamenta-se no fato desses documentos serem adversos aos interesses dessa parte". (PUCCI, A.; NETO, M. *Introdução ao Procedimento Arbitral*. Perícias em Arbitragem. p. 23. Disponível em: http://www.martinsfontespaulista.com.br/anexos/produtos/capitulos/697134.pdf. Acesso em: 28abr. 2020). O *IBA Rules on the Taking of Evidence in International Arbitration* prevê, em seu Article 9 [5][6], a possibilidade de os árbitros imporem o instituto da *adverse inference*, conforme transcrição a seguir: "If a Party fails without satisfactory explanation to produce any Document requested in a Request to Produce to which it has not objected in due time or fails to produce any Document ordered to be produced by the Arbitral Tribunal, the Arbitral Tribunal may infer that such document would be adverse to the interests of that Party. [6]. If a Party fails without satisfactory explanation to make available any other relevant evidence, including testimony, sought by one Party to which the Party to whom the request was addressed has not objected in due time or fails to make available any evidence, including testimony, ordered by the Arbitral Tribunal to be produced, the Arbitral Tribunal may infer that such evidence would be adverse to the interests of that Party".

que a prova beneficiária a Administração Pública? Não, pois isso também arrostaria o princípio constitucional do devido processo legal, previsto no Art. 5º, inciso LIV, da Constituição de 1988[306]. Se o onus probandi for da Administração Pública, não pode um ato estatal transferir à contraparte o custo para se desincumbir desse ônus.

Na verdade, pode-se até argumentar a inconstitucionalidade das normas de decretos ou mesmo leis estaduais que impõem o adiantamento das custas sempre ao ente privado, por ofensa à competência exclusiva da União para legislar sobre lei processual307. Considerando que invadem normas de processo civil e atentam contra o Art. 21, § 2º da Lei de Arbitragem, ao suspender a incidência do princípio da igualdade das partes. Infelizmente, essas regras estão mais próximas da de George Orwell do que de Carnelutti, ao estabelecerem que todas as partes são

---

306 Art. 5º, LIV, da Constituição Federal: "Art. 5º Todos são iguais perante a lei, sem distinção de qualquer natureza, garantindo-se aos brasileiros e aos estrangeiros residentes no País a inviolabilidade do direito à vida, à liberdade, à igualdade, à segurança e à propriedade, nos termos seguintes: [...] LIV - ninguém será privado da liberdade ou de seus bens sem o devido processo legal".
307 Art. 22, da Constituição Federal: "Compete privativamente à União legislar sobre: I - direito civil, comercial, penal, processual, eleitoral, agrário, marítimo, aeronáutico, espacial e do trabalho; [...]".

iguais, mas algumas, como a Administração Pública, são mais iguais do que outras.

Há quem alegue que é necessário regular as custas dessa forma, uma vez que a Administração Pública está sujeita a restrições orçamentárias e a regras rígidas para despesas. Com o devido respeito, esse argumento não merece prosperar[308], pois a Administração Pública deveria agir com responsabilidade e prever em seu orçamento anual recursos para futuras arbitragens naquele exercício.

Embora a arbitragem seja em geral mais cara do que o processo judicial, trata-se da escolha mais eficiente do ponto de vista econômico, pois o Estado conseguirá obter o seu crédito de forma mais expedita, o que justifica a alocação desses recursos[309].

---

308 Nesse sentido, o Professor Carmona esclarece que: "A antecipação das custas e das despesas do órgão arbitral (bem como dos honorários dos árbitros) é outro problema que amarga a Administração Pública, sempre sujeita a naturais trâmites burocráticos e a limitações orçamentárias. A solução simples – que vem sendo avençada em diversos setores da Administração Pública – de fazer o adversário antecipar tais custas e despesas não resolve todos os problemas". (CARMONA, Carlos Alberto. Arbitragem e Administração Pública: primeiras reflexões sobre a arbitragem envolvendo a Administração Pública. *Revista de Arbitragem*, n. 51, p. 15, 2016.).

309 Vide, nessa linha: LEMES, S. M. F. *Arbitragem na Administração Pública*: fundamentos jurídicos e eficiência econômica. 1. ed. São Paulo: Quartier Latin, 2007.

A Administração Pública está longe de ser uma parte hipossuficiente, incapaz de despender valores com procedimentos aos quais está vinculada. Pelo contrário, o custo de uma arbitragem representa um pingo d'água no oceano do orçamento da União Federal ou de um ente federativo.

Registra-se, por fim, que a atual cultura da arbitragem, um tanto permissiva quanto a custos, com altos gastos, deveria mudar com a entrada da Administração Pública como agente relevante. A paridade entre as partes também se aplica à parte privada, devendo-se evitar, entre outros, o abuso de poder econômico, com apresentação excessiva de pareceres e laudos de experts, por profissionais regiamente remunerados, o que a Administração Pública não consegue fazer.

Alguns dizem que a arbitragem é o contencioso de "primeira classe". Pois bem, para que a Administração Pública tome assento, deveria virar um litígio low cost. Os entes estatais não têm como — e, na verdade, nem devem — arcar com esse tipo de despesa, que só aumenta o custo de transação e não gera retorno à sociedade. As instituições e árbitros devem incentivar medidas de contenção de despesa como peticionamento só por meio eletrônico e preferência por audiências virtuais.

5. Escolha de regras e entidade administradora

Poder-se-ia alegar, em tese, ao se envolver a Administração Pública em procedimento regido por uma entidade arbitral, que deveria haver licitação para escolha dessa instituição. Porém, a doutrina tende a rechaçar essa linha de raciocínio.

Alguns autores entendem que a escolha da instituição arbitral poderia se amoldar às hipóteses de inexigibilidade de licitação[310], conforme dispõe o Art. 74, III e § 3º da Lei nº 14.133/2021311, cujo rol não é

---

310 Confira-se, nesse sentido, GARCIA, F. A. *A escolha dos árbitros e das Câmaras Arbitrais: licitar ou não?*, 2016. Direito do Estado. Disponível em: http://www.direitodoestado.com.br/colunistas/flavio-amaral-garcia/a-escolha-dos-arbitros-e-das-camaras-arbitrais-licitar-ou-nao. Acesso em 16set. 2022.
311 Lei nº 14.133/2021, Art. 74 III e §3º: "É inexigível a licitação quando inviável a competição, em especial nos casos de: [...] III - contratação dos seguintes serviços técnicos especializados de natureza predominantemente intelectual com profissionais ou empresas de notória especialização, vedada a inexigibilidade para serviços de publicidade e divulgação: a) estudos técnicos, planejamentos, projetos básicos ou projetos executivos; b) pareceres, perícias e avaliações em geral; c) assessorias ou consultorias técnicas e auditorias financeiras ou tributárias; d) fiscalização, supervisão ou gerenciamento de obras

taxativo[312]. O racional seria que: i) trata-se de atividade realizada por profissionais ou empresa com notória especialização; ii) com natureza singular e características eminentemente subjetivas; e, portanto, iii) a competição entre as empresas prestadores desses serviços se torna desaconselhável.

Atente-se, nessa linha, que as custas da entidade administradora e os honorários dos árbitros baseiam-se em regra em tabela de preços pré-fixados, que variam conforme o valor da causa e aplicam-se, geralmente, a todos os usuários. Em outras palavras, o ente estatal Pública sabe, de antemão, quais os preços relativos das instituições administradoras. Conhece também, ou deveria conhecer, a reputação e qualidade de cada uma dessas instituições. Nesse contexto, uma

---

ou serviços; e) patrocínio ou defesa de causas judiciais ou administrativas; f) treinamento e aperfeiçoamento de pessoal; g) restauração de obras de arte e de bens de valor histórico; h) controles de qualidade e tecnológico, análises, testes e ensaios de campo e laboratoriais, instrumentação e monitoramento de parâmetros específicos de obras e do meio ambiente e demais serviços de engenharia que se enquadrem no disposto neste inciso; [...] § 3º Para fins do disposto no inciso III do *caput* deste artigo, considera-se de notória especialização o profissional ou a empresa cujo conceito no campo de sua especialidade, decorrente de desempenho anterior, estudos, experiência, publicações, organização, aparelhamento, equipe técnica ou outros requisitos relacionados com suas atividades, permita inferir que o seu trabalho é essencial e reconhecidamente adequado à plena satisfação do objeto do contrato".

312 Confira-se, nesse sentido, VANIN, F. S.; ROCHA, W. 7. Instrumentos Auxiliares para as Licitações. *In*: ROCHA, W.; VANIN, F. S.; FIGUEIREDO, P. H. P. (Coord.). *A Nova Lei de Licitações*. 1. ed. São Paulo : Almedina, 2021, p. 136.

licitação seria ociosa, pois, dependendo dos critérios técnicos de qualificação, já se anteveria a potencial ganhadora. Poderia, pelo contrário, incentivar uma race to the bottom, ou seja, uma "corrida ao fundo do poço", na qual se relevaria a qualidade e reputação em prol do preço, atitude extremamente arriscada, à luz do papel sensível desempenhado por uma instituição administradora.

Nessse sentido, o Art. 7º, § 3º do Decreto nº 8.465/2015, o qual regulamentava a Lei nº 12.815/2013 (Lei de Portos), dispunha que: "A escolha de árbitro ou de instituição arbitral será considerada contratação direta por inexigibilidade de licitação, devendo ser observadas as normas pertinentes"[313].

Outros administrativistas entendem que nem se trata de caso de incidência da Lei de Licitação. Por exemplo, para o professor Marçal Justen Filho, a

---

[313] Decreto nº 8.465/2015, Art. 7º, § 3º: "Se prevista nos contratos de que trata este Decreto, a cláusula compromissória de arbitragem poderá: [...] § 3º A escolha de árbitro ou de instituição arbitral será considerada contratação direta por inexigibilidade de licitação, devendo ser observadas as normas pertinentes".

escolha da câmara não representaria ato contratual, sujeito à referido diploma legal, pois a arbitragem desempenha função jurisdicional. Por conseguinte, o autor aduz que a escolha da câmara teria natureza de ato administrativo unilateral[314].

Visando evitar abusos, melhor seria, de um lado, que cada ente público fixasse critérios objetivos de contratação de instituição administradora, que previssem inter alia alto nível de reputação e experiência. Isso poderia resultar, inclusive, em lista de instituições arbitrais pré-selecionadas. De outro lado, as partes privadas deveriam ser ouvidas na escolha da entidade administradora para cada contrato

---

314 "Ato administrativo unilateral, que é praticado no exercício de competência discricionária. Nada impede que essa escolha [...] seja realizada consensualmente com o particular. Isso não implica o surgimento de um contrato, na acepção da Lei nº 8.666. [...] Se não existir contrato e não houver a incidência da Lei nº 8.666 será juridicamente impossível submeter uma situação prática ao regime da inexigibilidade de licitação. Ou seja, aplicar a inexigibilidade da licitação não resolve os problemas jurídicos porque implica o reconhecimento de que os árbitros e a câmara de arbitragem são contratados pela Administração Pública. Exige a aplicação do procedimento específico da inexigibilidade de licitação, o que envolve inclusive a determinação da 'remuneração' devida ao particular contratado. Acarreta a necessidade de aplicar todo o regime da Lei nº 8.666 (ou, quando menos, as normas gerais) ao relacionamento entre as partes e os árbitros [e a câmara arbitral]. Esse regime jurídico não se conforma com a arbitragem, pela pura e simples razão de que não existe um contrato entre os árbitros (e a câmara arbitral) e as partes litigantes. Quando a Administração Pública é parte na arbitragem, não surge um contrato entre ela e os árbitros ou entre ela e a câmara arbitral". (JUSTEN FILHO, M. Administração Pública e Arbitragem: o vínculo com a câmara de arbitragem e os árbitros. *Informativo Justen, Pereira, Oliveira e Talamini*, Curitiba, n.º 110, abril de 2016. Disponível em: http://www.justen.com.br/informativo. Acesso em 28 abr. 2020).

específico, uma vez que se trata de elemento relevante do negócio jurídico.

O Decreto Presidencial nº 10.025/2019 estabeleceu um "credenciamento" das entidades que poderiam ser escolhidas para arbitragens com o poder público[315]. Nomear esse procedimento de "credenciamento" representa estratégia para justificar inexigibilidade de licitação[316].

Certos autores, como o já citado Prof. Marçal Justen Filho, entendem que o uso do termo "credenciamento" não seria muito técnico, já que se trata de ato típico de contrato administrativo, que visa à habilitação para licitação[317] e "[...] se destina a

315 Decreto nº 10.025/2019, Art. 10: "O credenciamento da câmara arbitral será realizado pela Advocacia-Geral da União e dependerá do atendimento aos seguintes requisitos mínimos [...] § 1 º O credenciamento de que trata o caput consiste em cadastro das câmaras arbitrais para eventual indicação futura em convenções de arbitragem e não caracteriza vínculo contratual entre o Poder Público e as câmaras arbitrais credenciadas".
316 Lei nº 14.133/202, Art. 74: "É inexigível a licitação quando inviável a competição, em especial nos casos de: [...] V - objetos que devam ou possam ser contratados por meio de credenciamento".
317 Neste sentido: "Registros cadastrais, como dantes se disse, são registros, mantidos por órgãos e entidades administrativas que frequentemente realizam licitações, dos fornecedores de bens, executores de obras e serviços que requerem as respectivas inscrições, para fins de estabelecerem formalmente suas habilitações, tendo em vista futuros certames licitatórios". (MELLO, C. A. B.

resolver questões de natureza contratual. Portanto, propicia resultados inadequados em vista da arbitragem"[318].

Poderia o ente estatal, tal como os estados-membros e os municípios, dar preferência a entidades administradoras localizadas em seu território? Sim, mas não deveria fazê-lo se a localidade não tiver instituições experientes ou se se tratar de contrato de grande valor com parte situada em outro local. Há a percepção de que uma das grandes vantagens da arbitragem reside na neutralidade, o que pode se dissipar com a seleção de câmara local. Tal como a mulher de César, não basta haver neutralidade; é essencial que a parte privada tenha essa percepção, para legitimar ainda mais o resultado.

Outrossim, para preservar a percepção de neutralidade, deve-se evitar, também, situações em que, surgido o litígio, caberia à Administração Pública

Curso de direito administrativo. 26. ed. São Paulo: Malheiros 2008. p. 568).
318 JUSTEN FILHO, M. Administração Pública e Arbitragem: o vínculo com a câmara de arbitragem e os árbitros. *Informativo Justen, Pereira, Oliveira e Talamini*, Curitiba, n.º 110, abril de 2016. Disponível em: http://www.justen.com.br/informativo. Acesso em 28 abr. 2020.

escolher a instituição arbitral a administrar a disputa, sem que o ente privado tenha voz. Atente-se que, na solução comumente adotada de "credenciamento", a neutralidade fica resguardada pelo fato de se prever critérios objetivos para inclusão na lista.

Por fim, não se recomenda, no Brasil, que entes públicos participem de arbitragens não administradas (ad hoc). Esse tipo de procedimento não institucional acarretaria em diversos problemas práticos, tais como formalidade para pagamento de árbitros. Além disso, deveria se atribuir a algum órgão o poder decisório sobre certas questões procedimentais, tais como julgamento de impugnação de árbitros e consolidação de processos conexos.

6. Escolha de árbitro

Não apenas a escolha da instituição administradora, mas a própria seleção dos árbitros representa decisão especialmente sensível em procedimentos envolvendo a Administração Pública. É necessário estrito cumprimento dos requerimentos de imparcialidade e independência, para evitar a invalidade da sentença. Deve-se buscar, também, a maior neutralidade possível, especialmente para o presidente, de sorte a se garantir a legitimidade das decisões.

De qualquer forma, a neutralidade será sempre uma questão, pela influência da formação e experiência pessoal do árbitro. José Ortega y Gasset já pontuava que "Eu sou eu e a minha circunstância, e se não salvo a ela não salvo a mim".

Uma possível medida para aumentar a neutralidade seria, em vez da indicação direta dos coárbitros pelas partes ou pela entidade, a adoção do sistema de troca de listas de potenciais nomes, em ordem de preferência, em que todos os membros do painel seriam escolhidos dentre os profissionais melhor posicionados na ordem. Outro método possível seria o qual cada parte apresenta três árbitros potenciais e cada contraparte seleciona um da lista do outro; esses dois coárbitros seriam responsáveis pela nomeação do presidente após consulta às partes. No limite, poderia se considerar a possibilidade da entidade administradora nomear todos os árbitros, o que não reputamos ser saudável nem desejável, por concentrar poderes na instituição.

A Lei de Licitação estabelece que a escolha de árbitros e colegiados deve observar "critérios isonômicos, técnicos e transparentes"[319]. Isso não significa que o ente público deva revelar minuciosamente o critério que adotou para a escolha do árbitro — o que o poria em desvantagem estratégica —, mas sim que deverá justificar a sua escolha, por exemplo, apontando para a qualificação e experiência do profissional vis-à-vis o caso concreto. Nessa linha, a Advocacia Geral da União editou a Portaria Normativa nº 42/2022, na qual indica como critérios principais para escolha a formação profissional, área de especialidade, nacionalidade e idioma, e permitindo que se considerasse também disponibilidade, experiência pretérita como árbitro, número de indicações como árbitro pela União e perfil do indicado.

---

319 Lei nº 14.133/2021 Art. 154: "O processo de escolha dos árbitros, dos colegiados arbitrais e dos comitês de resolução de disputas observará critérios isonômicos, técnicos e transparentes".

Sobre eventual impugnação de outros árbitros, recomenda-se que a sua análise pela instituição arbitral seja especialmente minuciosa e rígida, para salvaguardar a tão prezada legitimidade do procedimento. Isso não significa, contudo, que qualquer impugnação pelo ente público deva ser deferida.

A arbitragem com administração pública gera questões específicas relativas à independência e imparcialidade. Como ficaria, por exemplo, a nomeação de advogado público, se estiver vinculado a ente estatal que pode ter conflito semelhante? Um procurador do Estado pode ser nomeado como árbitro envolvendo litígio de outro estado, relativo a problema que pode se repetir na jurisdição de seu empregador? E um advogado privado pode ser nomeado como árbitro se possuir causa semelhante à discutida na arbitragem?

Com relação à última pergunta, o Decreto do Estado de São Paulo estabelece que: "[S]erá solicitado ao árbitro indicado que exerce a advocacia informação sobre a existência de demanda por ele patrocinada, ou por escritório do qual seja associado, contra a Administração Pública, bem como a existência de demanda por ele patrocinada ou por escritório do qual seja associado, na qual se discuta tema correlato àquele submetido ao respectivo procedimento arbitral."

Deduz-se que o objetivo foi permitir que, se houver demanda, o ente público possa impugnar o árbitro. Entendemos, contudo, que a análise deve ser caso a caso, tanto para o advogado público, quanto para o privado. Há de se perquirir, na hipótese concreta, se o litígio afeta a imparcialidade do potencial árbitro.

7.   Confidencialidade

Disseminou-se uma ideia equivocada na cultura jurídica brasileira de que a arbitragem deve ser necessariamente confidencial, em oposição ao processo judicial, em regra público. Trata-se, contudo, de entendimento equivocado. Por um lado, a Lei de

Arbitragem, em seu Art. 13, § 6º[320], determina que o árbitro tem o dever de discrição, isto é, não pode revelar em público informações sobre o caso (veja-se que a mesma vedação também se aplica a juízes estatais)[321]. O sistema jurídico brasileiro, por outro lado, não contém nenhuma previsão legal expressa impondo confidencialidade às partes.

A natureza confidencial da arbitragem, aliás, vem sendo questionada na jurisprudência de outros países, em circunstâncias similares às nossas. Nos precedentes australiano Esso[322] e sueco Bulbank[323], os respectivos Poderes Judiciários decidiram que a confidencialidade não seria qualidade inerente ao processo arbitral.[324]

---

320 Art. 13, §6º da Lei de Arbitragem: "No desempenho de sua função, o árbitro deverá proceder com imparcialidade, independência, competência, diligência e discrição".

321 Código de Ética da Magistratura, Art. 27: "O magistrado tem o dever de guardar absoluta reserva, na vida pública e privada, sobre dados ou fatos pessoais de que haja tomado conhecimento no exercício de sua atividade".

322 Caso Esso Australia Resources Ltd. e BHP Petroleum (Bass Strait) Pty. Ltd. vs. The Honorable Sidney James Plowman, 183 Commonwealth Law Reports 10; 11 Arbitration International (1995, n. 3), p. 235-263.

323 Bulgarian Foreign Trade Bank Ltd. (Bulgaria), Stockholm Arbitration Report (2000, n. 2), p. 148-150.

324 Para fins de ilustração, vale breve alusão aos casos mencionados. O caso Esso tratou de litígio entre a Esso e entidade estatal australiana em relação a pedido de revisão de contratos de fornecimento por conta de alterações nas cargas tributárias incidentes; com lastro na afirmação de que haveria um interesse público nas informações, foi autorizada a divulgação de preços contratados entre

Uma arbitragem, porém, haja vista sua própria natureza de procedimento conduzido perante instituição privada, não pode ser conduzida com o mesmo grau de publicidade de um processo judicial. Há de se distinguir, portanto, a publicidade, a privacidade e a confidencialidade.

Em relação à Administração Pública, a reforma da Lei de Arbitragem previu que os procedimentos deverão sempre respeitar o princípio da publicidade[325], em linha com o Art. 37, *caput*, da Constituição Federal[326]. Trata-se de instrumento destinado a garantir *accountability*[327] e transparência,

---

a Esso e a entidade pública. Já no caso Bulbank, sua relevância no ponto aqui debatido decorre do fato de que a Corte Superior da Suécia rejeitou o pedido de uma das partes quanto à invalidação de cláusula arbitral, pedido esse que se deu em virtude da publicação, pela outra parte, de decisão arbitral que versava sobre questão de jurisdição; a justificativa para a rejeição do pedido pela Corte Superior da Suécia foi de que inexistia disposição legal ou contratual que impusesse o dever de confidencialidade entre as partes, não sendo consequência imediata de estipulação de cláusula arbitral entre os entes contratantes. Cf. GAGLIARDI, R. V. Confidencialidade na Arbitragem Comercial Internacional, *Revista de Arbitragem*, v. 36, p. 95-135, jan./mar. 2013.

325 Art. 2º, § 3º, da Lei de Arbitragem. "A arbitragem que envolva a Administração Pública será sempre de direito e respeitará o princípio da publicidade".

326 Art. 37, *caput*, da Constituição Federal. "A Administração Pública direta e indireta de qualquer dos Poderes da União, dos Estados, do Distrito Federal e dos Municípios obedecerá aos princípios de legalidade, impessoalidade, moralidade, publicidade e eficiência [...]".

327 "Seguramente, o maior receio presente na discussão referente à utilização da

a qual segundo Rafael Carvalho Rezende Oliveira: "[...] guarda estreita relação com o princípio democrático (art. 1º da Constituilçao Federal), possibilitando o exercício do [controle] social sobre os atos públicos"[328].

Indaga-se, então, a quem compete zelar pelo dever de publicidade mencionado pelo Art. 2º, § 3º da Lei de Arbitragem? À luz do art. 37 da Constituição Federal e da Lei de Acesso à Informação[329], a nosso ver, o destinatário do dever de informar é da Administração Pública. Vale dizer, a princípio, que não compete à parte privada, muito menos à câmara que administra o procedimento fornecer as informações ao público sobre o procedimento (salvo

---

arbitragem em relação a contratos administrativos é de ela servir como um meio de neutralizar os mecanismos de *accountability* aos quais deve democraticamente estar submetida toda a ação do Poder Público. Imagina-se sua utilização para isolar, em um campo privado e confidencial, decisões que deveriam estar submetidas ao controle público". (SALLES, C. A.. *Arbitragem em Contratos Administrativos*. Rio de Janeiro: Forense, 2011).

328 OLIVEIRA, R. C. R. *Curso de direito administrativo*. Rio de Janeiro, Forense, São Paulo: Método, 2013, p. 29.

329 Lei nº 12.527/2011, Art. 6º, III: "Cabe aos órgãos e entidades do poder público, observadas as normas e procedimentos específicos aplicáveis, assegurar a: proteção da informação sigilosa e da informação pessoal, observada a sua disponibilidade, autenticidade, integridade e eventual restrição de acesso". Ressalte-se que o Decreto nº 7.724/2012 determina a menor abrangência da divulgação de dados de sociedades estatais exploradoras de atividades econômicas, de modo a resguardar os interesses dos acionistas e a competitividade de tais empresas.

acordo em sentido diverso), mas sim aos entes estatais, o que pode ser feito, por exemplo, por meio da publicação no Diário Oficial ou disponibilização na internet dos principais atos praticados, como, por exemplo, extratos do termo de arbitragem e da sentença.

Há de se atentar para a Lei de Acesso à Informação[330], que determina restrição de acesso a certos dados que forem classificados como ultrassecretos, secretos ou reservados[331].

Além disso, a pedido das partes, a instituição administradora, antes da investidura dos árbitros, e posteriormente o tribunal, poderá determinar que

---

330 Lei nº 12.527/2011, Art. 24: "A informação em poder dos órgãos e entidades públicas, observado o seu teor e em razão de sua imprescindibilidade à segurança da sociedade ou do Estado, poderá ser classificada como ultrassecreta, secreta ou reservada"; Art. 25: É dever do Estado controlar o acesso e a divulgação de informações sigilosas produzidas por seus órgãos e entidades, assegurando a sua proteção.
331 Como ensina Gustavo Schmidt: "Não há, neste particular, qualquer margem de discricionariedade para o árbitro. Caso a informação tenha sido classificada como sigilosa pelo Estado, conforme o procedimento estatuído pela Lei de Acesso à Informação, deverá o Tribunal Arbitral decretar o segredo de justiça ou, ao menos, preservar o sigilo da informação." SCHMIDT, Gustavo. R. Reflexões sobre a arbitragem nos conflitos envolvendo a administração pública: arbitrabilidade, legalidade, publicidade e necessária regulamentação. *Boletim de Direito Administrativo*, São Paulo, v. 32, n. 11, p. 1041-1059, nov. 2016.

certos dados sensíveis das partes privadas sejam considerados confidenciais, como segredos de indústria ou de comércio, como preconiza a própria Lei de Propriedade Intelectual[332]. Um modelo de sucesso a ser observado é o processo administrativo perante o CADE[333], que pode declarar sigilo sobre informação relativa à atividade empresarial de pessoas físicas ou jurídicas de direito privado e restringir acesso a autos, documentos, objetos, dados e informações.

Confia-se na prudência da instituição administradora e do painel para identificar o que realmente importará em informação sigilosa e confidencial, por meio da técnica de ponderação de interesses entre o princípio da publicidade e o direito

---

332 Art. 206, da Lei de Propriedade Intelectual: " Na hipótese de serem reveladas, em juízo, para a defesa dos interesses de qualquer das partes, informações que se caracterizem como confidenciais, sejam segredo de indústria ou de comércio, deverá o juiz determinar que o processo prossiga em segredo de justiça, vedado o uso de tais informações também à outra parte para outras finalidades".
333 Art. 53, do Regimento Interno do CADE: "Conforme o caso e no interesse da instrução processual, de ofício ou mediante requerimento do interessado, poderá ser deferido, em virtude de sigilo decorrente de lei ou por constituir informação relativa à atividade empresarial de pessoas físicas ou jurídicas de direito privado cuja divulgação possa representar vantagem competitiva a outros agentes econômicos (arts. 22 da Lei nº 12.527/2011 e 6º, inciso I e 5º, § 2º do Decreto nº 7.724/12), o acesso restrito de autos, documentos, objetos, dados e informações [...]".